超级自媒体营销段子写手02

讲一个卖得好的故事

柒先生 著

人民东方出版传媒
東方出版社

图书在版编目（CIP）数据

讲一个卖得好的故事/柒先生 著．—北京：东方出版社，2014.3
ISBN 978-7-5060-7338-7

Ⅰ.①讲… Ⅱ.①柒… Ⅲ.①品牌营销 Ⅳ.①F713.50

中国版本图书馆CIP数据核字（2014）第049094号

讲一个卖得好的故事
（JIANG YIGE MAIDEHAO DE GUSHI）

作　　者：柒先生
责任编辑：崔雁行　乔　俏
出　　版：东方出版社
发　　行：人民东方出版传媒有限公司
地　　址：北京市东城区朝阳门内大街166号
邮政编码：100706
印　　刷：三河市金泰源印务有限公司
版　　次：2014年5月第1版
印　　次：2014年5月第1次印刷
印　　数：1—6000册
开　　本：880毫米×1230毫米　1/32
印　　张：7.875
字　　数：120千字
书　　号：ISBN 978-7-5060-7338-7
定　　价：29.00元
发行电话：（010）65210056　65210060　65210062　65210063

目录

Contents

02 水，可以载舟亦可以煮粥

04 有没有巨人的肩膀让你站?

06 不以结婚为目的的谈恋爱，都是耍流氓

我和你们不熟，但是不妨聊聊

前言

我和这个世界不熟，和你更不熟，但当你打开这本书的时候，也许我们可以试着聊聊，不妨说点真心话。

我去过的城市不超过7个，会唱的歌不超过3首，我没有结婚，我住在沿海城市，我目标朝九晚五地工作但经常通宵赶方案，从来没有进过一家电影院看一部喜欢的电影，没有上过真正意义上的大学，吃过肯德基麦当劳的次数加起来一只手就可以数清，从来没有以旅行为目的去过任何城市，互相能够谈得上借钱的朋友不超过 3 个，其中两个一个叫作张小蛋一个叫作葛二毛，喝醉以后想要打的电话不超过 2 个，喝过的星巴克咖啡不超过 7 杯，对奢侈品一无所知，不懂汽车不懂房地产不懂母婴用品不懂餐饮，但是我在网络营销这个行业待了近 5 年，至少服务过 1 家以上汽车品牌、2 家以上地产、3 种以上奶粉、4 家以上餐厅、5 种以上快消品，我知道，懂这个行业和做得好这个行业的营销是两件事。

在营销这个行业，你可以不懂排量油耗轴距内饰，你可以不懂水岸华宅与望山豪宅的差异，你可以不懂奶粉不懂内衣，不知道张家界在哪里，你可以不去酒店不去咖餐厅没吃过一次水煮鱼，甚至从来没去电影院看过一场电影，你可以不懂 SEO、SEM、SOLOMO、微博、微信，但是，你必须懂情感，必须懂女人，如果你什么都不懂，至少请谈两场以上的恋爱再加入这个行业。

我感谢这些年路过我生命的那些明媚的女子，她们让我读懂了每一场爱情背后的故事，而后我将每一场故事转化成了一个个有趣的营销案例，这些案例经过细水长流地传播形成了每一个产品的最终销售，情感共鸣点变成了销售最有利的工具。从营销到销售，我读懂了中间隔着的一个关键词：动人心。

我人生的低迷期是 2009 年我彻底步入这个行业的时候，那个时候，我还是一个不懂广告三流大学毕业的电子商务专业的学生，我从百度里仓促地学了点营销技巧就开始接客户了。第一个客户是做婚纱摄影的，他在北京，那一天我们聊到半夜两点多，他给我打了预付款，当我银行卡里多了 1500 块钱的时候，我知道我不能辜负了别人的信任，但是那一次推广结果很差，客户虽然没有埋怨我，但是我知道推广实际上是要承担很大责任的。

后来的我意识到我必须专业化地去运营，我组建了团队但是自己却去了一家招聘类的网站工作，我白天在公司忙晚上回家忙，凌晨四五点是我通常睡下的时间，那一年我看过太多青岛鱼肚白的天空，却从来没有去过路边摊吃上两根油条点上一杯豆浆。

最窘迫的时候身上只剩下 12 块钱，但是要去见一个客户，我只能坐公交车，后来堵车误点，到客户公司的时候老总很生气，问我为什么不打车来？我说我只剩下了 12 块钱，一块钱来他们公司，一块钱回家，剩下的 10 块钱我需要买一个大版的双蛋双肠的煎饼果子，因为今天是我女朋友的生日。后来我却离奇地签下了这个全年合作的单子，也许只是因为老总是一个女的，这也许现在已经不重要了，因为现在我们成了很好的朋友。

这是我人生中最大的转折点，从那以后我学会了讲故事，讲感人的故事，讲爱情故事，我要把我的每一份经历都卖出去，我要把我知道的每一份故事都卖出去，从那个时候起我真正懂得了广告，我彻底成了一个故事贩卖者。这个世界上的商品，如果让我斗胆去划分，至少有这样两类：情感消费品和生理消费品。比如汽车旅行，实际上就是情感消费品，可有可无，牙膏牙刷实际上就是生理消费品，日常必备，当你明白了这个道理，实际上这个行业本身你懂不懂已经无所谓了，只要你的故事能够打动消费者，让其产生把钱从钱包递到你手里的动作，你的营销就成功了。

每一个人的人生都应该是向着美好发展的，尽管我们都遇见了不同等的待遇，但是我相信只要还能看得见明天的太阳，就应该庆幸昨晚又做了一个好梦。我怀揣着这样的信念去生活，我觉得我的世界里就应该是这样温暖而幸运的。

我很高兴能在这本书里遇见你们，尽管我们不认识，但是我想我们终究会成为朋友，所以不妨跟你们说一点真心话，让你们认识我是一个怎样的人。我想和你们聊聊爱情和品牌营销的那点事儿。

在社交网络风靡的今天，微博微信陌陌等等让认识一个人的成本变得越来越低，朋友这个词变得越来越云淡风轻了。但是我们不妨在这本书里重新认识一下自己的爱情、友情、亲情，安静下来谈谈彼此的一些看法。未来的路很长，我只是想认识你，别无他意。

以上就当作这本书的前言吧！如果你也喜欢和我聊一聊这个话题，不妨关注新浪微博@柒个先生或者微信公众号：sevsir。回复一下你的城市 + 性别 + 你的职业，让我们先彼此认识一下，从我先开始吧：我住在青岛，男，25 岁，从事广告行业。

01

你知道唐僧背后的推手是谁？

●利用资源推介●

如来为了完成一次强有力的危机公关，先借自己人唐僧打头阵，后利用各种不良少年的回心转意塑造了一场震撼人心又布道佛学的“西天取经”真人秀。

看看如今的一些选秀节目中打着农民、农工形象的歌手，你就知道如来绝对是一个经常看选秀的宅男。看看通过星光大道一夜走红的“大衣哥”，看看凭借一首《春天里》走红的“旭日阳刚”，你就知道如来对八戒这个角色包装付出了多大的心血。这一场感情牌打得很好。

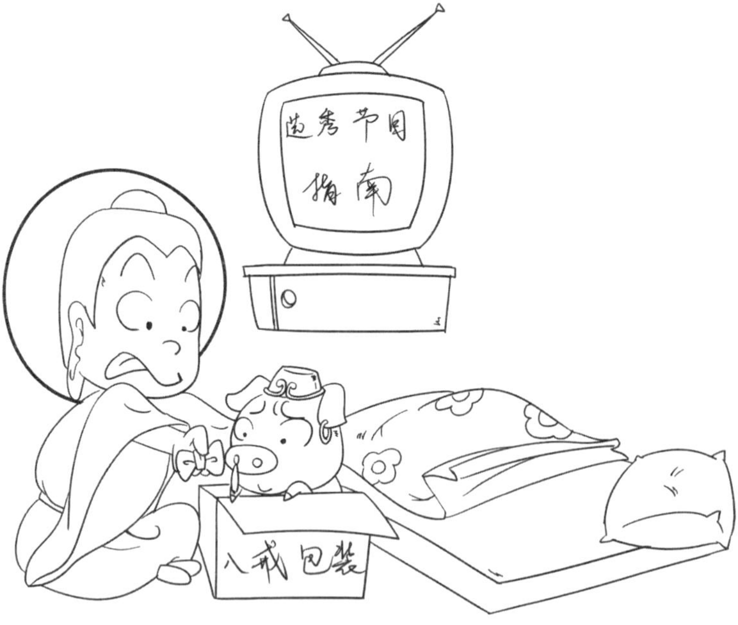

谁放风说“吃唐僧肉长生不老”？

谈起唐僧，想起的是在周星驰的电影里特唠叨烦人让孙悟空抓狂的人物。他是大唐贞观年间第一个自费旅游怀揣取经大任的背包客，从京都长安出发，历经艰难抵达天竺。途经千山万水邂逅了现在大家耳熟能详的孙悟空、猪八戒、沙僧，4个男人的故事让整个旅途充满了趣味与传奇，惊悚与悬疑。而后的现代也比较喜欢这种自驾游的方式，有人以自己的经历塑造了《搭车去柏林》《走路去纽约》《走路去巴黎》等等这种走在路上的故事。

《北京青年》里第一集，导致何东（李晨饰）重走青春的主要因素在于一期大型职场选秀节目《非你莫属》中一个喜欢走在路上的姑娘，毫不夸张地说这个姑娘的人生经历导致了整部片子的青春基调，当然最后我们可以以为《北京青年》就是一个旅游广告电视剧，北京出发，从烟台到深圳，从丽江回北京，绕了一个大圈子，主角似乎也读懂了一些人生道理。所以有网友总结：要么读书要么旅行，人这一辈子，心灵和身体，总要有一个在路上。

唐僧西天取经看似就是企业内部的一个体验培训过程，为什么要费尽心机塑造这么一场看似惊心动魄的旅程呢？这就要从孙悟空大闹天宫开始了，孙悟空想塑造一个品牌：齐天大圣。这个名号让玉帝不爽，然后就发生了矛盾，玉帝意欲以“弼马温”的职位招降孙悟空，这一下子惹怒了孙悟空，一个看过《水浒传》的孙悟空，孙悟空自然不想落入宋江的人生，因为这是对人才最大的不尊重，而且孙悟空在还是一块石头的时候就集日月之精华，爬到今天食物链的顶层自然不是吃素的。

大战在即，给玉帝打工的各路天神都不愿意出力，这一点像是国企的作风。后来惊动了如来，如来略施小计把孙悟空压在五指山下。这种强制性的危机公关并不能消除大家认为天庭无能的印象，所以天庭需要一个完美的公关消除在民众中的坏影响，就像蒙牛为了调整大家的不良印象，启动了全新的策略“只为点滴幸福”，试图拉拢消费者的情感，以此挽回失去的颜面。

这次危机公关是怎么出现的呢？只有知其所以然我们才能规划出处理的方法。我们再回忆一下剧情：孙悟空大闹天宫，天庭的各路神仙本可以将其制服，将此次事件压制下来，但是却没有出手，一来大家都是打工的，不必卖命，二来就是神仙也怕死。这就有人要问了，神仙死了不是可以转世吗？是的，但是转世需要点化，就像唐僧一路西天取经，观音姐姐就不厌其烦地点化他，你看他就是女人缘太好了，这一路简直就是百花丛中过片叶不沾身。如果没有点化，基本上神仙的仕途就玩儿完了，所以没有神仙愿意冒这个险。再者，即使有神仙愿意冒这个险，一旦挂了，转世是需要时间的，对于神仙来说时间成本太昂贵了！而转世的过程中，神仙原有的职务肯定不能一直为他留着。假如如来大战孙悟空死了，弥勒就得接管，这一坐千年万年。如来再重新投胎转世修炼成佛可惜也不是佛祖了，要想重新接管只能熬呗！所以神仙也不容易，如来只能硬着头皮跟孙悟空干一仗，好在如来鬼心眼比较多，这才将孙悟空压在五指山下。到此，这个事件才能松一口气，但是民众需要了解真相啊！

所以天庭需要挽回颜面，那就需要一次恰到好处的危机公关。于是如来从降服孙悟空开始，担任了危机公关的创意执行总监一职，策划了“西天取经”这个危机公关计划以此来转移民众视线，同时传递“我佛慈悲普度感化众生”的宏伟理想。如来为了保证整个计划的顺利执行，于是就安排了自己人唐僧作为此次事件的最佳执行人，但是这样一个转世的金蝉子如何才能吸引媒体与各路妖魔鬼怪的注意力呢？

于是如来就需要在整条计划包装的过程中植入一个让大家眼前一亮的 big idea，这就要回到最开始为什么各路神仙不愿意出手打孙悟空的一个原因：怕死。我们通常的销售法则里面，有两条王道之选就是卖“贪”、“怕”，几乎 80% 以上的人都会中这种大家都以为不会中的圈套，人总是聪明反被聪明误，这也是二八法则的一个精髓，20% 的人设置了圈套让 80% 的人掉进去，然后积累了 80% 的财富。

“怕死”作为整个计划的一个输出亮点，那就需要唐僧有相应的属性来对应以此来满足市场的需求。这就是后来我们大家都知道的“吃唐僧肉，长生不老”。

在通常的销售法则里，两条王道之选就是卖“贪”和“怕”。几乎80% 的人都会陷入这种大家以为永远不会中的圈套。有道是聪明反被聪明误，这也是二八法则的一个精髓——20% 的人设置了圈套让80% 的人掉进去，然后积累了 80% 的财富。

媒体投放渠道

是一条街还是覆盖全城?

如来确定了整个计划输出的 USP（核心卖点）“吃唐僧肉，长生不老”，而实际上这个话题的主要作用是穿针引线，激发媒体的关注度和各路妖魔鬼怪的好奇心。其实整个“西天取经”就是一场 4 个人的真人秀，唐僧是关键，因为他直接影响剧情的进展，万一要是哪个不识相的妖怪真把他给吃了，那么这一次完美的危机公关就泡汤了。所以整个真人秀的取经过程就必然需要几个帮手保护唐僧的安危，而多数的媒体喜欢数字游戏，于是如来定制了“九九八十一难”的闯关模式，而保护唐僧的角色基本上是属于陪同刷副本，增加唐僧的经验值，这样媒体就会主抓青春励志这个题材，符合当前社会的基调。

孙悟空作为整个事件的导火索，被压在了五指山下，他需要等一个能撕开封条的人。他的技能可以保证唐僧一路过关斩将不掉血不掉装备，又正好给其一个改过自新的机会，以此证明天庭的威严和博爱的精神，一石二鸟。于是孙悟空就成了唐僧去往西天的一个关键因素，所以一开始唐僧扮演一个救世主般的屌丝男，打动了孙悟空。但是孙悟空毕竟是一只玩世不恭的猴子，万一半路撒手不干了，整个计划就又报废了，于是如来窜腾观音姐姐去感化他，要记住整个计划的核心是唐僧，一旦唐僧占有主动权成为领袖人物，那么接下来就好说了。所以观音姐姐就下了血本，舍不得孩子套不住狼嘛！把自己漂亮的 24K 纯金打造的紧箍给了孙悟空，孙悟空带上紧箍以后，剧情一下子开始变得明朗了许多。唐僧有了紧箍咒以后就可以控制孙悟空了，而有了武将的唐僧在之后的取经道路上自然也会顺畅许多。

孙悟空拜师唐僧以后就准备上路了，而如来设置好了九九八十一难等着，但是这 81 个环节怎么能够顺利展开呢？上哪儿找那么多的群众演员啊！这一点让如来很是头疼。但是转念一想其实又很简单，那就是如何把“吃唐僧肉，长生不老”这个概念散播出去，媒体投放肯定不行，天庭没有这一部分预算，尽管玉帝一手造成了这事，但是又不想出钱买平安，所以如来只能自己想法子。

如来为了保证整个计划的执行，就必须把概念传递出去，这样才能四两拨千斤吸引媒体的自发报道，事件营销第一步很关键。所以如来采用了开心网走红的要素，从第一度人脉下手，邀请太上老君、观音姐姐、太白金星一起打麻将，神仙打麻将一定要带着自己的宠物顺道卖个萌什么的，而如来就是把“吃唐僧肉，长生不老”的观点散播给了各个准备修炼成仙的宠物宝宝们，这实际上也是各路神仙设下的一个圈套。这样一来二去，麻将搓了不下上百回合，如来的小算盘拨得步步入心。而后第二步，各路神仙假装看守不严，让自己的宠物宝宝逃脱到人间，好戏就这样上演了。

如来这一招“杀熟”省掉了很多的执行费用，而从天庭逃跑的这些宠物宝宝立马就成了口碑第二波，人在江湖混，谁没个远房的亲戚啊！这样又是一来二去，天庭的小道消息啊！绝对劲爆而且疯狂，可信度高啊！这样远房的亲戚就各自拉帮结派各立山头为王了。如来这一招“借刀杀人”玩得好，而且妙，都是自己人演一出戏而且不拿报酬，就算是孙悟空和唐僧真的有难了，遇到过不去的坎了，天庭看直播随时来抢救，绝对保证最终的“西天取经”完美执行，如来这是在下一盘很大的棋。

确定计划输出的 USP（核心卖点）后，想要保证计划的执行效果，激发媒体的关注度和各路妖魔鬼怪的好奇心，就必须把概念传递出去，这样才能四两拨千斤般吸引媒体自发报道。

频次

躲得了初一，躲不过十五

如果你以为如来到这一步就结束了，那就太小看如来的能力了。一个完美的创意执行总监定然是一个有勇有谋的导演，无论故事怎么离奇古怪，到最后结局肯定是按照他最初的思路完成的，否则这一场“西天取经”秀就没有意义了。

没花钱做了一个很完美的口碑预热以后，“吃唐僧肉，长生不老”这句slogan（口号）已经基本上在绝对的受众群（妖魔鬼怪）里展开了。因而我们说这次的广告到达率和反馈率绝对是广告投放预期的一个经典案例。但是这样做还不够，一个好的广告需要互动进来更多的参与人群，尤其是拥有有效的人群才是一个KPI考核很好看的广告。所以如来所制造的这一支广告需要不停地去传播、加深概念，直到在受众的心智里留下不可磨灭的痕迹。

散播完第一支广告效应以后，如来需要开始设计里面更加不可思议的细节了。人是最不可控的因素，何况是一帮有着妖孽思想的妖，保不齐玩不好第一局唐僧就结束了他年轻的生命了。为了让所有的观众有着更广阔的思想延展空间和对此事件的持续关注度，所有的环节必须精彩而且剧情紧张且悬疑，不能像是柯南一样，走到哪里哪里死人，然后破案，继续走然后继续死人，再破案。但是剧情模式大体上肯定要照着这样的思路走的，因为这种模式已经被验证了是可行的。

于是，接下来我们看到了如来设置的剧情：唐僧被抓——差点儿被吃——解救，然后换一个地方重新来一个回合。这种统一的剧情模式，能够省去大量的执行费用，也让唐僧容易强行记忆刷副本的步骤，更少地出现执行纰漏。

整个剧情模式和执行套路设定完成以后，唐僧就和孙悟空上路了。这才是整个“西天取经”真人秀的开始。为了保证观众的参与互动到剧情吐槽能够让整个事件持续发酵升温，我们几乎每集都会听到“吃唐僧肉，长生不老”这句话的强烈暗示，这种暗示是为了更大范围地在妖魔鬼怪圈内传播，这样参与进来的妖魔鬼怪才能不但卖力而且不收人工费。所以想了解孙悟空大闹天宫真相的观众即使躲过了初一的 slogan 也躲不过十五的 slogan，多狠的营销招数啊！这一点上脑白金玩得比较出彩一些，尤其是逢年过节的时候，他们的广告基本上可以让你感觉遥控器功能失效了。

唐僧带着孙悟空一路杀怪升级刷副本，从天庭出来的宠物宝宝基本上等同于从国企跳槽出来另辟蹊径的创业者，打得很是用心，这种情形下的孙悟空很是心力交瘁，只能各路神仙挨着去求，以前的威风和棱角开始被磨圆了。当然有一些技不如人的宠物宝宝在即将死于孙悟空棍棒之下的时候，他的主人就会适时地出现，然后将其带回天庭。那些自立山头的妖怪就没有这么幸运了，基本上进入了七世轮回。

整个剧情这么发展下去，观众都要看睡了，此刻如来开始执行第二套递进计划，增加人物角色，因为每一个人物角色的观众不同，带来的喜感和好奇感就不同。如来和嫦娥姐姐的这一盘棋下了很久，然后一个新的计划开始了。为了让整个剧情朝着使观众激动的情节发展，从而调动剧情的新关注度，天蓬元帅调戏嫦娥的新闻出现了，这一下子在各路媒体人间妖报纷纷占据了头条。这一个新闻的炮制也让整个“西天取经”真人秀迎来了第二波关注度，猪八戒一下子从高富帅变身屌丝而且猪头，这是对猪八戒演技的一个重大考验。

而“西天取经”真人秀到此终于要注入一股新鲜的血液了，可谓三个男人一台戏。

好的广告需要互动进来更多的参与人群，尤其是拥有有效的人群才称得上是一个 KPI 考核很好看的广告。想要获得更好的效应还需要不停地去传播、加深概念，直到在受众的心智里留下不可磨灭的痕迹。

你的眼睛出卖了你的心

为了让人物性格和星座等更具鲜明的特色，如来让八戒下凡做起了一个踏踏实实的农夫，然后告诉他一个神圣的使命：等一个叫做唐僧的男人，然后拜师，这是重回天庭的一个小诱惑。老猪的形象设计配上憨憨的笑，这绝对深入人心。看看如今的一些选秀节目中打着农民、农民工旗号的歌手，你就知道如来绝对是一个经常看选秀的宅男。看看通过星光大道一夜走红的“大衣哥”，看看凭借一首《春天里》走红的“旭日阳刚”，你就知道如来对八戒这个角色的包装付出了多大的心血。这一场感情牌打得很好。

猪八戒贪吃偷懒的性格色彩让多少吃货睡货感同身受集体躺枪，这一人物的出现自然为整个“西天取经”真人秀加分不少。但是为了让整个真人秀紧张起来，于是猪八戒就在酒后的变化与人们的传统概念发生了冲突，话题出现了。所谓不打不相识，孙悟空与猪八戒玩了一场背媳妇的小暧昧以后，化干戈为玉帛，高老庄从此就安静了。

猪八戒这个角色的出现勾起了观众的兴趣，也符合剧情发展需求，最主要的是符合事件营销的策略，如来在最合适的时间打出了一张最合适的牌，通常的广告策略里这是救心丸与强心剂，一来救场，二来让观众打了鸡血般想了解接下来三个男人之间会发生什么故事。

猪八戒除了发挥插科打诨的作用，最主要的是他永远有着师傅想拥有却不能拥有的一个性格属性，那就是：好色。毕竟男人戏是需要加点女性色彩成分的，这样剧情才饱满而且满足宅男的幻想，这也是如来计划的一些实质性展现。到后来就有了蜘蛛精这一大挑战男性眼球的场面，猪八戒从偷看蜘蛛精洗澡的那一刻起就注定了三个男人对手戏的开始，孙悟空的火眼金睛是导致三个男人发生矛盾的关键，就算孙悟空告诉唐僧和猪八戒她们是妖精，可是对于一个迷恋女色的男人来说，他也会觉得妖得还不够，因为娶个妖精做老婆是多少男人的心声啊！这一点上，猪八戒的人品值瞬间完爆孙悟空。

一个眼神可以出卖内心的时代，三个男人注定是不能统一到一起的，这跟三个和尚没水喝是一样的道理。猪八戒的理论是即使是海市蜃楼也不妨做一场春梦，而孙悟空的理论是打，没商量。因为他的目标很明确，就是护送唐僧西天取经，完了以后摘掉头上让人头疼的玩意：紧箍。一个永远有着不可调和矛盾的团队注定会分分合合，这样才能更容易牵动观众的心弦。

截止到目前，你会发现一个凡人和两个神仙去西天取经，这简直是对一个凡人体力最大的考验，好在之前如来已经意料到这种小儿科的问题，利用一个傻得可爱的白龙马玩了一出无间道，观音姐姐让小白龙卧底鹰愁涧吃掉了唐僧的白马，于是这一切就变得顺理成章了，白龙马于是乎就成了唐僧加血加状态的核心动力。因此，每一个人的身上都开始变得有梦想：白龙马要恢复真身，唐僧要取得真经完成人生历练成佛，孙悟空要拆掉头上的紧箍，猪八戒要回到高老庄娶妻生子，瞬间整个团队青春梦想范儿十足，这种看似正能量的精神传播既贴合了社会主旋律，又迎合了媒体的报道口味，一举两得。

整个“西天取经”真人秀开始变得环环相扣，等一行人一路刷副本到流沙河的时候，我们才发现原来这才是故事的开始，因为这个时候才是打造最佳团队的时候：你挑着担我牵着马，分工明确。为了保证整个团队的内部和谐，沙和尚的作用基本上就是一个后勤，而且沙和尚的对白少且单薄，但是传递的信息量精准，比如“大师兄，师傅被妖怪抓走了”“大师兄，师傅和二师兄被妖怪抓走了”。但是另一个问题也就此浮现了出来，沙和尚挑的担子里面到底放了什么呢？

孙悟空从出场就穿着虎皮裙，唐僧总是一袭袈裟，猪八戒就是一个大马褂，流沙河一战的时候曾经被沙和尚扒掉马褂，里面是一件马甲。你很难想象，就是这么一帮人，一路八十一难翻山越岭披荆斩棘，但是从来不换衣服，最后会变成一副怎样苦逼的样子。这一点上，如来没有料到其实是可以大搞联合营销的，说不定一路走来不仅天庭颜面挽回而且还会大赚一笔，比如白龙马的头上有 BMW 的 logo，整个团队的衣服全由耐克或者阿迪赞助，整个八十一难的旅程全程跟旅行社合作推出一条全新的西游自驾旅行路线，整个露宿的地方不再是找寻常的人家而是七天酒店或者如家酒店。

要不是危机公关急迫，遵循 24 小时黄金法则，我想这些如来作为一个创意执行总监是完全可以想得到的。

“猪八戒”的出现勾起了观众的兴趣，也符合剧情发展需求，最主要的是符合事件营销的策略。通常在广告策略里这就是救心丸与强心剂，一来救场，二来让观众打了鸡血般想了解接下来三个男人之间的故事。

效果监控

树上七只鸟，打一枪剩几只

当作为观众去欣赏这一出“西天取经”真人秀的时候，我们会发现一个巧妙的问题，为什么唐僧的行踪，妖精们总是可以轻而易举地获得，而且还总是能够轻而易举地给唐僧下套。这是如来散播出去的吗？

第一感觉，这绝对是如来利用马甲小号散播的，因为整个“西天取经”流程是如来一手策划的。这虽然可以说得通，但是如来绝对不会那么做，因为为了要赢得“西天取经”真人秀的真实感与最后带来的社会效应，如来必须实时地监控来自于市场一线的反馈，这才是市场真实的反应，因为最后如来是要向玉帝提交一份 KPI 考核报告的，这个报告以及报告所呈现的营销效果直接关系着如来的天庭地位，如来断然不会为了塑造这种假口碑而自毁前程。

那么如何才能保证妖精们的真实参与度和准确时间上的参与呢？这一点上，我们就不得不回到如来和嫦娥姐姐下棋的那个晚上，天蓬元帅的情感绯闻实际上是已经设计好的摆拍图片，只不过是拍了几张照片，这几张照片也只不过恰好出现在了天庭记者的邮箱里。而为什么选择天蓬元帅作为唐僧的二徒弟，这显然又是一场有预谋的安排，跟五指山下的孙悟空、鹰愁涧的小白龙、流沙河的沙僧是一样的设置道理。但是最主要的一点还是猪八戒是性情中人，有着大多数人该有的缺点，好吃爱睡好色等等，这些如来早已经通过猪八戒的微博了解到。

一个喜欢吃饭前拍照的吃货，分享欲是极强的，而且猪八戒文笔不错这一点也很关键。流沙河一战，沙僧抢到猪八戒的外套，从外套里搜罗出来的猪八戒写给高老庄翠兰的情书就足以证明前述种种，而刚好这一点也是替猪八戒调戏嫦娥的绯闻做了一次很好的危机公关，也以此证明猪八戒实际上是一个有情有义专一的好男人。在之后的“西天取经”历程里我们也是可以看得到的，每次发生意见分歧准备分道扬镳的时候，猪八戒的第一选择永远是高老庄。

每一个人的弱点实际上都是被如来利用来为效果买单的道具，这也是为什么我们在做营销的过程中要不停地研究不同的人群属性及他们的喜闻乐见茶余饭后，泛兴趣营销很容易挤爆我们的预期的原因。所以猪八戒只不过暂时充当了一下整个团队的发言人，而妖精们只要悄悄地关注猪八戒的微博就足可守株待兔了。

比如猪八戒会发：“黄风岭的风好大，突然就吹动了我的思念，不知道此时高老庄的 @ 翠兰，有没有想我？”“今天和猴哥偷吃了人参果，好好吃，么么哒。”“白骨岭可能是我最伤心的地方了，今天猴哥打死了一家三口，师傅把他责备了。猴哥回花果山了，我想回高老庄，你们说我们要不要散了呢？好舍不得这段感情，在线求安慰。”“我现在在波月洞，上帝保佑大家晚安。”

猪八戒的微博实际上是如来已经意料到的一个信息集散地，猪八戒在陷入情感绯闻风波之前，如来就已经知道这100多万的粉丝将是一笔巨大的财富，而后的如来在监控妖精们的参与度的时候也确实验证了这一点。其实到最后妖精的参与度仍是保证效果最终实现的一个核心要素，因为如果妖精参与度不够强烈，就无法激发八十一难带来的波折感和带给观众的感动，而猪八戒在此贡献了不少人品值。所以，从如来包装猪八戒的角色到参与整个“西天取经”真人秀过程，事情就已经成功了一半，猪八戒在整个真人秀的环节里其实一直在扮演一场看不见的互动，为的是让更多的妖精参与其中。

如来的选择，利用猪八戒的微博赢得了市场真实的口碑监控，同时发现了市场的第一反馈意见，最主要的是让妖精的互动变得频繁，参与的围观受众越来越多。所以选择一个好的监控地也是一场营销秀不可缺少的要素。这如同抬头看到树上7只鸟，打一枪剩几只的问题。

千万不要以为命中了一只还剩下6只，其余的6只不是聋子也不是傻子。所以打鸟前一定要自备最佳利益最大化的方法。

每一个人的弱点都可以被利用作为为效果买单的道具，这也是为什么我们在做营销的过程中要不停地研究不同的人群属性及其喜闻乐见、茶余饭后。

衡量 KPI

伤敌三千，自损八百

想要衡量一次营销活动的有效 KPI，就要分解哪一部分广告费用是被浪费掉的，这样才能去规划二次营销的传播点策略比重。而整个“西天取经”遭遇了两次前所未有的危机：三打白骨精和真假美猴王。这两次大手笔执行费的浪费注定是如来太自信付出的代价。真假孙悟空事件结束后，如来也曾经说：一念之差，便生恶意，恶意便生妖孽。实际上如来的内心独白应是：一念之间，广告费用如流水，奔流到西不复还。

整个“西天取经”真人秀从沙和尚的加盟才算是正式启程。但是其加盟后，整个团队却开始走下坡路，当然这里面有猪八戒怂恿孙悟空的成分，那就是偷吃人参果。接着白骨岭一战便是整个团队最大的危机，由于唐僧的个人武断主义，差点断送了整个团队的青春生命。孙悟空用自己的火眼金睛三打白骨精之后，其余的人就以为孙悟空又大开杀戒成了一只玩世不恭的猴子，而这种事情又不好证明，即使能证明，猪八戒也会冒出来说猴哥用的障眼法。所以说团队的人越多产生纷杂意见的可能性就越大，管理就会越来越麻烦，而唐僧在这一刻没有作出正确的抉择，这就导致了整个团队的分崩离析。

是的，这就是我们看到的剧情，孙悟空回花果山了。孙悟空回花果山以后，整个团队的主心骨战斗力就开始倾向猪八戒了，因为沙僧始终在扮演一个沉默寡言的人。失去了孙悟空强大技能支撑的团队，刷副本的速度明显会下滑，唐僧在钟声引导下误入波月洞后立马看到了整个团队的窘迫，黄袍怪显然不是如来预料以内的可控因素，这也差一点让整个计划毁于一旦。当然，到此我们就不得不提及一下之前所说过的：唐僧的女人缘是极好的。

被黄袍怪抓来的宝象国公主替唐僧师徒一行人挡下了致命的一击，这才让整个剧情舒缓了一些，但是唐僧在送信被识破以后被黄袍怪变成了老虎，到此为止白龙马也被迫挂帅出征了，只是他所扮演的侍女显然不是黄袍怪的对手，整个团队于此陷入了完全的被动。

这就是我们一直以为互动的过程是品牌口碑传递的过程，但是实际上如果没有掌控好互动的要领，很可能会是陷入一场竞争对手假戏真做里的实证。如来猜中了开始，却没有猜中过程。白骨精的出现也是让如来直冒冷汗的，环节引导的失误差点因为唐僧导致整个真人秀的终止。事件营销有时候就是这样，如同一杆开出的球，飞到哪里还要看当天的天气，要是来一阵风，基本上就废了。

好在猪八戒这种性情中人不是那种死要面子活受罪的，你看，人在江湖混，关键时刻就要讲一个义气，于是猪八戒就去了花果山。其实猪八戒去花果山之前做了很多内心的挣扎思考，回高老庄还是取经回天庭？到最后儿女情长败给了英雄气短，那一刻我们能够深深地体会到猪八戒更新的一条微博“赢了天下输了她”的无奈与悲情。如来看到这一条微博的出现才稍微宽心，大势即将要被逆转了。

孙悟空的回归让整个营销基调回转，而且经历了分分合合更增进了他们之间的情谊。只是后来又突然冒出来一个孙悟空，本来如来是想玩一出悬疑戏的，没想到的是这一出悬疑戏让自己也付出了惨重的代价。一个孙悟空对立面上的孙悟空注定是一个误会的集合体，而且彻底地激发了整个团队之间的矛盾，到最后沙僧找观音姐姐这事才得以平息下来。这实际上也暴露了整个团队的缺点，信任危机一旦产生，他们并不是安静下来思考，而是以暴制暴，这注定会迎来一场悲剧。如来只不过想撒一个谎增加点悬疑感，但是为了圆谎却又赌上了太多的执行费用，当然还有的就是各种冠冕堂皇的借口。

本意没错，错的是没有控制住剧情的发展，原本一场很完美的营销活动，却因为引导控制不当而消耗掉了大量的后期维护执行费用。这种做法不亚于起了一个大早赶了一个晚集。好在最终完成得漂亮也算是一次好的危机公关，这就好比某国航空公司折腾出的“0 元机票门”，你很难去评价是一次有预谋的营销还是一次完美的危机公关，但是无论出于哪一样，该公司最后还是赢得了口碑。当然那些抢到0元机票的人是幸运的，他们也是口碑第一波的开始。类似于利用自身网站漏洞营销的案例，这也算是比较经典的了。

无论是怎样的营销活动，流程的执行中合理控制预算是必须的，尤其是之前要预料到各种可能出现的危机，制定相应的应对计划，千万不要等到危机临头了才想起抱佛脚，就算是如来，自己抱自己的脚又能怎么样？泥菩萨过河，自身难保。

想衡量一次营销活动的有效KPI，就要分解哪一部分广告费用是被浪费掉的，这样才能去规划二次营销的传播点策略比重。无论怎样，一定要预料到可能出现的各种危机，制定相应对策，千万不可危机临头才想起抱佛脚。

罗马城一共建了多久?

罗马城建设重新规划招标，印度、德国、中国三个公司前来竞标。印度人说“这活得3万，材料1万、人工1万、我赚1万”；德国人说“这活得6万，材料2万、人工2万、我赚2万”；中国人说“这活得9万，你拿3万、我拿3万、活给印度人干”。招标人脸上微微地露出了笑容，这时候旁边一个扫地的老太太突然来了一句“这活得9万，你拿4万，我拿4万”。 招标人一听急忙把扫地的老太太叫到身边说:“这事咱俩细谈。”隔天老太太的丈夫站在一个大学的教室里说:“这个学期内，咱们的研究课题是关于罗马城重新建设的问题。”

你看，不同的思维会诞生不同的人生行为，每一种行为都会映射出不同的职业习惯。就比如我们在公交车上遇见背着LV包包的女生，她很难让我们发自内心的觉得那是真的，而当女星拎着LV包包走红毯的时候，即使是A货，我们依然会觉得那绝对是真的。人的心理就是这么扭曲而可爱，它会自行地利用传统的历史价值观去衡量它所能评价的东西，对于同一个物品在不同的情景里它会输出不同的概念。

所以对于如来来说，他力图想要塑造的“西天取经”这个励志品牌的档案实际上是由五大部分组成，那就是唐僧、孙悟空、白龙马、猪八戒、沙僧。这五大部分组成了这个品牌“西天取经”的完整性，而5个人所经历的八十一难则是品牌的历程，就像太上老君炼丹需要七七四十九天一样。磨炼是增加品牌历史感的一个环节，在中国的品牌历程里，“老字号”就是一个很好的形容词，一旦标榜上这个形容词，就意味着品牌的信赖感和传承感，而品牌的档案里是需要这样的履历去折服更多的消费者的。

如来的内心里是可以将“西天取经”做为一个品牌活动来运作的，这样才能像是奥斯卡、金鸡、百花之类的策略化的递进式运作，一旦形成了强势品牌对于天庭来说绝对是一件功德无量的事情，这笔账如来还是算得清的。所以5个男人里必须要加入女性情感元素才算圆满，而且这女性情感因素的目的只是为了陪衬出男性角色更加的高风亮节，一个男人只有经历了情感才算是一个完整的男人，爱过才会成熟，所以女儿国必然是必经之路，因为那里有一个神奇的传说：子母河的水是可以让任何人怀孕的。理论上来说这个地方应该有广告植入的——“西梁女国不孕不育专科医院”，但是迫于压力，如来还是放弃了。品牌活动联合商业营销广告的植入如果选择品牌不得当可能会引发观众的不满情绪，从而招致观众对品牌活动的非议。作为一个创意执行总监，如来放弃了这一次捞一笔灰色收入的机会，而是把眼光放在了更远的未来，比如明年的

“西天取经 2”。

猪八戒的怀孕事件让整个剧情充满了喜感，当然以现在的科技来说，男人怀孕并不是只有科幻片里才会有的，动画片也是可以的。作为大师兄的孙悟空当然需要阻止这种荒唐事的发生，于是他只好去找管理去胎井水的蝎子精展开斗争。不过从整个西天取经步入西梁女国国界的那一刻起，你就会发现原来这也是一个神奇的国度，她们的择偶标准简单到极致：男的，活的。而另一个更神奇的问题是，子母河的水为什么只能生下女儿呢？这不科学啊！

唐僧的感情戏在这里开始发酵，当猪八戒在微博里面更新“师傅姓唐，甜到忧伤。上帝保佑，善哉善哉”，通过微博转发评论看到观众一直呐喊“在一起，在一起”的时候，如来心里有点小小的醋意，以至于后来为了再度测试唐僧是否已经动了凡心，又设下了天竺国抛绣球娶亲的事件，这两大绯闻话题实际上是对市场的一次简单测试，也是一次对人心的收拢，这还是一次很好的情感营销，触发了人们对美好爱情袭面而来挡都挡不住的伟大梦想。

经过情感戏的两次蜻蜓点水，逐渐让“西天取经”这个原本以打打杀杀为主旋律的基调平添了几许小浪漫的意味，从而逐步确立了“西天取经”这次真人秀活动的品牌影响和号召力，从五指山

磨炼是增加品牌历史感的环节。在中国的品牌历程里，“老字号”就是一个很好的形容词，一旦标榜上便意味着信赖和传承，品牌的档案里就是需要用这样的履历去折服更多的消费者。

出发到灵山终止，这一路的品牌基因逐步地塑造了一场不可复制的品牌档案，也形成了一个不可复制的品牌营销活动，最主要的是当“西天取经”华丽丽地落幕，有谁还记得当年让天庭颜面尽失的那一场厮杀呢？

品牌感觉

冰冻三尺非一冰箱之寒

一个拥有持续上涨良好基因的品牌，通过品牌档案的持续累积就会持续地为品牌增值，这是万物生长的规律。当然有些时候我们也会遇到瓶颈期，但这并不影响我们努力积极向上的精神，因为到最后我们追求的一切都会变成两个字：感觉。

感觉这个东西就是：3分钟的行走路程，司机师傅用308个脚刹开了102个断断续续的回合，最终以49分钟的完美成绩结束了这段便秘式的旅行。我自行脑补了英特尔广告678次，旁边的小姑娘第二瓶益达马上要见底了，么么哒！这就是我生活的城市，这就是我下班后的感觉。我原以为没有生活在北京是一种幸福，然而到现在才知道，幸福的人都是一样的，不幸的人有着各自的不幸。

如来深谙这种品牌感觉的道理，所以整个“西天取经”真人秀虽然每集模式套路相同，但是它总能给你不一样的惊喜。拿逼婚这种对出家人来说可遇不可求的千年好事来说，唐僧一共经历了3次：琵琶洞、西梁女国、天竺国。这种看似咫尺却一手推开的爱情，让我们更加地对爱情产生好奇，究竟是一种怎样的内心笃定才能成就如此的放弃？书上说：人这一生，总要谈三次恋爱，一次懵懂一次深刻一次一辈子。而唐僧的3次，次次惊心却次次擦肩，就是因为如来要保证这是一次强有力的危机公关，而不能下笔如有神一撒手就跑题千万里，成就了唐僧的一段好姻缘而毁掉了佛的属性，所以出家人以慈悲为怀，宁拆十桩婚不毁一座庙，不是法海不懂爱，而是雷峰塔需要一次事件营销以此扩大其景区的影响力。

如来不能保证只能是男人大戏，这样容易产生情感误区的，万一唐僧日久生情恋上了孙悟空咋办？教坏了小朋友更是不好的，所以只能设置爱情环节。爱情这种东西对于“西天取经”这种真人秀不过是一个小插曲而已，不可能大肆渲染而毁掉了“西天取经”的品牌感觉。但是品牌感觉又不是一蹴而就的，它不跟你玩一见钟情，所以一路西天既有儿女情长又有武侠风范，谈得上小清新玩得了重口味，文有女儿国情书示爱唐僧，武能三打白骨精火烧盘丝洞。

这样的节奏很好，张弛有度且不偏离最终的结果导向，但是允许小范围内的自由发挥，到最后我们才发现除了孙悟空其实大家都是有爱情戏份的。这又是为什么呢？这就好比你在导演的手上撒了一泡尿却还要求导演给你加吻戏，这不是开玩笑吗？所以一路走来你会发现孙悟空负责刀枪棍棒的武侠气质，而唐僧、猪八戒、沙僧负责隔三差五打个情骂个俏，如此整个“西天取经”的品牌感觉就显得很接地气。

接地气是塑造品牌感觉的一个小诀窍，例如微博上猪八戒喜欢互动，喜欢把师傅的碎碎念编成段子，喜欢分享悟空打怪升级的酷照，所以民众从来不觉得他是高高在上的天蓬元帅，而只是一个来自于自己身边的朋友。七仙女就发发自己每天练舞的图片视频，嫦娥喜欢晒晒自己和她兔子的故事，反倒是二郎神和托塔李天王他们把自己当一棵葱，整天各种人生大道理 1234567 地整理出来。这种接地气并不是一朝一夕能够伪造出来的，冰冻三尺非一日之寒，可能还需要多开俩冰箱。滴水石穿可能还需要往伤口上撒点盐。罗马城也不是一日建起来的，按照国人的资质可能需要两年。爬高楼坐窗户不一定是遇到感情问题，有可能是蹭 WIFI。

到最后品牌的感觉就像是董永爱上七仙女，看似简单也许只是由于大多数人忘记了董永当时耍过流氓偷过人家衣裳。

一个拥有良好基因的品牌，通过品牌档案的持续累积就会持续地为品牌增值，这是万物生长的规律。当然有时也会遇到瓶颈期，但这并不影响积极向上的精神，因为我们所追求的一切最后都会变成两个字：感觉。

谁的棉袄不过冬？

小时候妈妈说：谁的棉袄不过冬。寒号鸟它妈妈肯定没有告诉它这个大道理，然后在那个冬天，寒号鸟唱了一首《冬天里的一把火》随即就挂了。企业做品牌玩营销千万要记得寒号鸟这个悲惨的代价。

品牌既然想要传递出去，想要表达或者带给受众感觉，就需要利用一切可以利用的资源去重新整合每一个资源的分配。你看，如来为了完成一次强有力的危机公关，先借自己人唐僧打头阵，后利用各种不良少年的回心转意塑造了一场震撼人心又布道佛学的“西天取经”真人秀，传递只依靠自己的能力是一件很傻很天真的事情，与其消耗自己的实力不如去消耗掉资源的思想。

所以 2012 年的伦敦奥运会我们充分把控“借”这一点来传播品牌的精神文化，小试牛刀的一次跨国游击成了中小企业首次触“奥”的一个典型案例，也让这一具有东方传奇色彩的 BETA MAN（贝它侠）扬名海外。

a. 借势：奥运之势

奥运的势头是赞助商的狂欢，更是搭顺风车企业的一次狂欢，想在短期之内抓住消费者的眼球，必然要通过有趣的话题点去触动消费者的奥运梦。作为我们的广告商“眼睛渴了”全年启动的“养眼计划”一期通过母亲节将“幸福最养眼”渗透到社交网络，而二期话题“梦想遭遇伦敦奥运”，想要顺利突围难度系数非属一般。

梦想这个话题已经成为各大商家做“烂”了的一张牌，而且“养眼计划”、产品形象“贝它”、“梦想最养眼”需要全线植入渗透，这显然是一个关键词甚多的命题作文。这样的命题作文我们是迟迟不敢下手的，甚至萌生了放弃的念头，想着与其千帆竞过不如保存实力从之后的其他尾声分半杯羹，但是这样一场很好的奥运机会就浪费了。很显然这种奥运活动对于一个营销来说是一次多么好的机会，对于一个企业品牌来说是一次多好的机遇。

于是“眼睛渴了”（无糖贝它糖）根据奥运营销规则，曲线突围转战伦敦街头，将奥运元素与东方元素绑定“隐形”渗透，在伦敦街头上演了一出东方传奇色彩的“打劫”游戏，这一场趣味的“游击营销”迅速在伦敦街头被引爆，一场世界性的玩笑让伦敦街头陷入了一场“恐慌而刺激”的游戏里，在各大商家试图通过中国社交网络突围的时候，我们的营销活动已经在伦敦街头上演了。

b. 借人：伦敦市长 Boris Johnson（鲍里斯·约翰逊）

伦敦市长 Boris Johnson 显然是一个不甘寂寞的“英国活宝”，我们能跟他产生什么交集呢？带着这个疑问，我们了解了这个倡导低碳喜欢骑单车上班的 Boris Johnson，这是他的梦想，另类而趣味，正好契合我们的梦想主题。拿到这个话题点后，“眼睛渴了”的产品形象“贝它”迅速蹲点伦敦街头假装一场“意外邂逅”，然后利用大玩偶“贝它”吸引 Boris Johnson 的注意力，在伦敦街头上演了这样一个趣味的玩笑“打劫了伦敦市长的火炬”。

视频上传到 Youtube 后，梦想话题被疯狂触动引爆，紧接着“美女打劫团”在奥运会期间迅速游击伦敦街头，用趣味玩笑打劫了近千人的梦想。为了让梦想这一主题迅速从奥运的各种话题中突围，“眼睛渴了”并没有选择社交网络去定格梦想，而是通过“梦想打劫卡”让梦想切实地通过白纸黑字被记录下来，利用媒体寻找奥运话题的契机，作为事件的爆料者，一举将该话题推到各大网站首页。

c. 借热点：世界小姐选美

奥运期间，中国各大选美比赛依然遭遇疯狂吐槽，而“美女打劫团”为了保证话题的高关注度和持续性，前世界小姐 KATIE FARR（凯蒂·法尔）接受了 BETA MAN（贝它侠）的邀请加入了这一场公益街头行为秀，使其美貌与智慧同步迸发，让网友大加称赞。

为了提升奥运梦想话题，因伤病未参加 2012 年伦敦奥运会的英国国家体操队运动员 AIMEE（艾米）也同时受到邀请，当然梦想与时尚绑定更能吸引“眼睛渴了”消费者的青睐，英国知名模特时尚宠儿 CHINWE（晨维）的加入，让整个“美女打劫团”无论于外在还是内在都散发出一种“养眼”的魅力。

d. 借形象：BETA　MAN（贝它侠）

此次伦敦奥运的广告赞助之严格堪称历史之最，想要打擦边的商家更是绞尽脑汁。"眼睛渴了"产品硬广突围对营销费用要求甚高，而且无法形成长效的品牌影响力。而其产品形象"贝它"在2011年已经有全线的"游击营销"案例，用49只贝它玩偶人秀"求婚"将中国的心动登上了《华尔街日报》和《洛杉矶时报》，更是拥有了誉称"胡萝卜哥"。

所以伦敦奥运会"眼睛渴了"采用产品形象"隐形突围"，通过与"美女打劫团"的绑定，迅速成为伦敦街头最热话题，成功塑造了BETA　MAN（贝它侠），当大家茶余饭后讨论这个酷似外星人的玩偶"贝它侠"的时候，其东方元素、奥运元素、梦想元素全线飘红，其卖萌的打劫举动更是让伦敦市民惊恐、刺激而感动，这一场秀惊醒了他们的梦想，更惊醒了他们奋斗的心。

e. 借话题：好奇害死猫

"美女""打劫""世界小姐打劫""伦敦市长被抢火炬"，这些话题本身依靠这些字眼就让网友的好奇心慢慢被挑起。而各大视频网站奥运专题对打劫视频的推荐、搜狗新词榜的弹窗、百度风云榜的持续高搜索量，更是将这一奥运话题引爆。

正如视频里提及的"没有人喜欢被打劫，我想，这一次未必"，没有人会拒绝在街头被一群美女围攻"打劫"，甚至还会被"要挟"："一定要实现梦想哦，否则我们代表外星人消灭你。"梦想与打劫留下的玩偶"贝它"狠狠地绑定在了一起，而他们被劫持的经历，贝它与他们丢失的梦想统统地回到他们的生活里。

同时视频最后点明主题："梦想最养眼，别等到被打劫了，才想起年少时我们曾经坚持过。"到此，"眼睛渴了"二期养眼计划"梦想最养眼"全线飘红，话题流量开始落地产品本身。

f. 借二维码：流量转化

"美女打劫团"话题持续高潮，为了实现产品形象、奥运话题的转化接入，"眼睛渴了"迅速推出巧妙植入二维码的"奥运主题海报"，将流量转化至眼睛渴了天猫商城，该海报选择在刘翔跌倒的第二天推出，以主题"忘记自己是谁，重新起跑，哪怕跌倒，也会看到全世界微笑"，支持刘翔的奥运精神和梦想。眼睛渴了在各大商家开始逐渐淡弱社交营销的时候发力微博，"奥运主题海报"一经推出便备受瞩目，短短两天触动过万网友互动。

这是一场完全依赖"借"塑造的品牌营销活动，整个品牌传递过程中，我们始终保持"梦想"的不偏离，让整个事件从梦想起步到销售转化回归。很多时候企业明白自己要传播的是什么，但是消费者却并不接受，这是因为没有完全站在消费者的立场上去"借"

品牌既然想要传递出去，想要表达或者带给受众感觉，就需要利用一切可以利用的资源去重新整合每一个资源的分配。很多时候企业明白自己要传播的是什么，但是消费者却并不接受，这是因为没有完全站在消费者的立场上去"借"他们喜欢的元素。

来他们喜欢的元素。而我们从一开始就先从“借”的客场去挖掘奥运会的元素，然后再回到主场糅合本土的特色，直到最后东方的元素可以走红伦敦街头，从伦敦“借”回来的元素也能够吻合品牌要传递的价值和主题，这才是以消费者为核心的品牌营销活动。

02

水，可以载舟亦可以煮粥

•危机来了怎么办 •

广告入消费者的法眼，一定要精准，表述绝对要清晰，无论是 10 ~ 15 秒的 TVC 广告还是长到 30 分钟的微电影，无论是一张公交站牌户外平面广告还是微博上一条段子配图片，无论是 LED 大展示还是一张宣传单街头散发，传递的核心卖点一定要准确到位不含糊。

普鲁斯特就因为一块柠檬玛德莲蛋糕忆起了幼年的往事，写了洋洋洒洒三大部《追忆似水年华》，我们也会因为街边传来诱人的烤鸭味道而内心浮想联翩，冲进烤鸭店来一只新出炉的烤鸭，一闻到香扑扑的奶香味面包我们就突然发觉肚子里是缺点什么。

种下前世因，必得来世果

企业品牌危机像是一颗定时炸弹，不知道什么时候就会被莫名的引线所引爆。我们没法预估到任何来自于市场、消费者、竞争对手的抹黑行为，但是通常来说企业的危机可分为六大类别，它们就像是冰山的一角，如果只看到漂浮在水面以上的，没有考虑到水面以下的部分，则可能会酿造泰坦尼克号式的悲剧。

a. 消费者的评价

消费者的评价对企业的品牌有着巨大的影响力，不仅仅因为他是消费者，更是因为他的意见来自于消费者的角度，从而让别人觉得更真实可信。娃哈哈的营养快线就遭遇过消费者的质疑，有消费者做过类似的实验，将营养快线放置在盘子里居然会变成乳胶，甚至有人戏谑营养快线一夜之间变“避孕套”。娃哈哈发现不够及时，并没能将这个事件控制在论坛层面，而是引来了大面积的新闻报道。可见，一个消费者星火之势的意见如果没有得到及时的消除，在互联网时代可能瞬间就会燎原。

b. 离职员工的评价

2011 年 9 月 23 日，两名古驰前员工在网上发了一封《集体辞职的古驰员工致古驰最高管理层的一封公开信》，经过媒体的疯狂报道，古驰开始被贴上“血汗工厂”“虐待员工”“管理混乱”“工作时间超长”的标签，品牌危机爆发。这就是对离职员工安抚不当导致的，人事经理在善后的时候没有处理得当，挤爆了前员工的愤怒。多数员工在离职的时候可能或多或少会与公司发生不愉快，企业的人事经理应该在这一时刻了解清晰的事实，及时消除离职员工的误解。

c. 竞争对手的攻击

2009 年 3 月 10 日，一篇名为《姐妹们小心了，揭露新东方老师的真面目》贴在了凤凰论坛上，随后 48 小时内，这篇帖子被 4600 多个论坛转载。这样的速度显然已经违背了正常的传播定律，如果是非人为的就更不可思议了。你永远不知道你的竞争对手会怎么样，它会永远盯着你的屁股，随时找一个致命的弱点一举击破你强势的市场防线。竞争对手制造的危机从来就不算少数，尤其是在中国目前这个不甚健全的网络世界里。你的竞争对手永远会盯着你的某一个小弱点不停地帮你放大再放大，直到形成一个危机。

d. 企业自身的矛盾

不同的行业属性却因为同一个共同的灰色目的而形成利益纠纷，这也是一个典型的危机类型。这一点上，我们不得不提及曾经深切影响到我们每一个网民的“3Q 大战”。安装 QQ 还是 360，这绝对是一个艰难的决定。腾讯挟持你的用户关系，让你不得不做一个艰难的决定。同样都在偷窥用户的隐私，最后打起来，受众却成了最不能诉说的受害者。到最后，无论胜负如何伤害的都是用户的心。

e.媒体偶尔片面引导

整容机构大起底，培训机构黑幕，卧底西餐厅……媒体的记者可能会因为某些特殊的原因而了解到一些内幕，但并不是每一个企业的内幕都是一个行业的内幕，而就是因为这样偶尔的片面报道却给整个行业笼罩了一层小黑雾。这也是危机来源的一个渠道，你没法去辩解，最好的方法就是告诉消费者你害怕的这些我有没有。

f.行业危机

伊利与蒙牛之间从不缺爆炸新闻，两家乳业巨头因圣元“早熟门”、“DHA 门”而陷入激烈的争斗中。当然这背后还存在黑公关的元素，但是无论如何他们的开战让中国的奶业陷入了一场更加迷茫的境地，消费者该相信谁？企业这种无良的竞争最后实际上伤害的还是这个行业，一荣俱荣一损俱损。当有一天我们看到百度的搜索指数，奶业的品牌越来越多地被外国品牌所占领的时候，我们就知道，从战争的那一刻开始，中国的奶业已经开始进入死亡宣判期了。要不是中国人的记性不是太好，这个行业早已经死了。

竞争对手制造的危机从来就不算少数，尤其是在中国目前这个不甚健全的网络世界里。你的竞争对手永远会盯着你的某一个弱点不停地帮你放大再放大，直到形成一个危机。

处理危机的方式

兵来将挡，水来土掩

李开复道歉了！这可能是所有遭遇方舟子之后少有的没有落马的名人之一了。这位因方舟子质疑学历造假从而更加出名的青年导师——创新工场董事长兼首席执行官，在微博中公开致歉了。相对于同样遭遇学历门之一的让我不得不提及的曾经教导我们成功可以复制的唐骏，我们可以看出态度决定了一个事件最终的走向，就是一句懒得回复，方舟子炒作，让自己名誉在某大学演讲的时候再次遭遇“成功可以复印”的演讲门事件。

李开复称，书中描述的26岁副教授与实际担任AP时的28岁事实不符，深表歉意，并将在下一版中做出修改，而且英文网络版已经修正，并表示：“感谢大家的关注，更感谢大家的反馈、批评和意见。”

今天我们去看这些闹剧，甚至开始思考唐骏所说的“如果把全世界都蒙了，就是你的真诚蒙到了别人，你欺骗一个人没问题，如果所有人都被你欺骗到了，就是一种能力，就是成功的标志”。是我们撒谎撒习惯了，还是不用担心有一天有人会戳穿我们？

这些事实再次为我们企业在营销过程中提供了很大的启示作用，同样类似的事件处理完毕却是天壤的区别，像是之前我们看到的双汇“万人道歉大会”上却喊出了“双汇万岁”的口号，以及达芬奇家居老总的“飙泪公关”等等。人非圣贤孰能无过，但是你拿出100%的真诚去道歉了吗？而在李开复事件背后，质疑、辩解、去伪、存真直到李开复微博道歉，以合适的时间还原给受众一个完整的故事情节，表达了自己的态度。面子到最后不重要，只要你真诚到位了自然会为你争来面子。

这个事件给很多的企业上了很好的一堂公关课，这些启示必然会令我们企业在公关营销过程中少走弯路，在此我将其归结为6度原则：速度、态度、力度、广度、深度、高度。

a. 速度

危机出现的头12～24个小时是最佳的黄金熄火点，而在今天这个时代，微博的出现让这个时间再次的缩水，就在不远的刚刚，美汁源宣布下架了，西门子遭遇老罗后强硬的高姿态基本上宣告初期公关失败。被质疑的时候很多企业或者名人首先选择的是狡辩，用各种所谓的事实去澄清，试图避开浑水的时候却发现浑水已经溅了一身，提供证据来证实没有错，就像李开复发微博出示其母校卡内基梅隆大学寄来的声明和聘书表示这仅是一个翻译的错误，好在李开复并没有选择纠缠而是在公关期限内悬崖勒马，承认了自己翻译的失误。

b. 态度

解决问题、化解问题是处理公关营销最需要掌握的技巧。尤其是品牌在遭受来自外界的攻击产生压力的时候，更应该清醒地去化解而不是无谓的辩解。没有消费者愿意把时间耗在纠结上，只要企业解决了受众的质疑，大家还是可以握手言和的，但是有一点，千万不要拿消费者当傻瓜看待。

c. 力度

无论谁是谁非，事件已经发生了。此时作为企业更应该拿出大度的姿态，指责消费者并不能体现出企业的优势，而承担责任则只要把控好力度就可以瞬间为企业博个满堂彩。李开复作为公众人物对整个事件的把控力度体现出了公关范儿，没有使自己陷入其中，反而获得了更多人的支持。《美女如云》里的朗雅公关总监说过，人不犯错误就不可爱了。

d. 广度

危机公关的首要原则是防止事件最广度地去传播，即使是流言，在互联网高速传播的领域里也别指望流言止于智者。2011 年盐慌事件就是一个最佳的案例，包括后来红十字会的信任危机等等。但是企业可以在第一时间对市场做出反应和应对策略，通过企业多年来塑造的口碑人脉广度去提升公众的信心度，重量级的第三者站在台前说话更易被受众接受，这一点在适用上当然要排除婚外情中的第三者。

e. 深度

企业快速的反应一定要够深度够重视，让受众看到你的真诚真心真承担，哪怕是浅尝辄止蜻蜓点水式的道歉也好。像是思念水饺出问题后，公关的官方话语并没有体现出一个企业说话的深度，让我们不得不觉得“思念是一种病”。不回避问题和错误，拿出解决的方案，一切以消费者利益为重，还是可以重拾消费者的信心。

f. 高度

作为一个企业你有权利觉得自己够国际范，需要有一定的高度来凸显自己的与众不同。比如西门子，你可以傲慢对待，但是请尽量多想想今天的高度是否为消费者一手捧上去的，如果有一天你高傲过头了，消费者举起的手举累了，最后替你收场的基本上就是搬家公司和保洁公司了。消费者不在乎你企业做得有多强大，在全球你有多少家分公司，而是你把消费者放在心里什么位置哪种高度，消费者同样也会把你放在心里什么位置哪种高度。

如同今天李开复在微博上道歉了，网友并没有觉得他丢失了什么，相反人们看到了一个更真实的李开复，可以犯点错但能够承担错误，那个原先以为外表强大的青年导师原来和我们一样贴近，他也会犯错，于是人们更喜欢李开复了，这就是为什么那个爱吃懒睡

危机公关的首要原则是防止事件最广度地传播，即使是流言，在互联网高速传播的领域里也别指望止于智者。无论谁是谁非，指责消费者并不能体现企业的优势，而承担责任，只要把控好力度就可以瞬间为企业博个满堂彩。

调皮的加菲猫吸引了那么多人喜欢的原因，因为加菲猫身上所有的都是喜欢它的人身上所有的，看到它，人们就找到了自己。

危机公关实际上就是一场游戏，就像切水果一样，你只需要记住一点就行，那就是避开地雷。也如同水果连连看，需要找到相连的同一种水果。所以我们不妨通过水果来寻找一些公关的共同点，以此来避开下一次的地雷危机。

苹果

釜底抽薪：第一口苹果怎么吃

苹果，蔷薇科落叶乔木，英文 apple。不过现在一提起苹果的英文，大多数人已经开始习惯性地翻译成 iPhone。吃苹果的好处可见古谚语：一天一苹果，医生不找我。不过我们讨论的核心话题是苹果是如何跟危机公关挂钩的。

讨论这个话题就要首先弄明白苹果如何挑选怎么吃这个关键。通常挑选时我们会选择果面光滑没有干枯没有蛀虫的苹果，当然长得难看的苹果也不一定会难吃，人不可貌相苹果不可眼量嘛！颜色要挑选带许多红色的，最好黄里透红，最好不要挑选绿里带红的，挑选时不妨用鼻子闻一闻，有一种甜甜的清香的基本上就会是好果子。

关于这一点上，李开复遭遇方舟子时就展现了一出漂亮的吃苹果公关，尽管方舟子没打算给李开复一个什么好果子吃，但是李开复却从一个烂苹果里博出了精彩。探寻方舟子以往的打假历史，基本上每一次都是以宣告他胜利而结束——有时候是胜利，有时候是他宣告自己胜利，总之就没有一次是输过的，就连他遭遇了不加V这种黑吃黑的攻击，跑到搜狐微博躲起来的打法，在战术里都叫做“暂时撤退”。

李开复塑造的青年导师的形象一直很光鲜，直到遇见了方舟子。然后就又是一出惊悚的“学历门”事件，而实际上只是单词翻译的错误问题而已。方舟子的惊悚在于把问题按照“标题党”的模式推出，这样多夺眼球啊！且方舟子凭借着以往打败唐骏的经历，让李开复的这个“造假”从一开始在可信度上就增分不少。

方舟子抛给李开复这个棘手的“苹果”的时候，李开复试图要辩解一下，这是人之常情，谁都不愿意背负这样“欺世盗名”的坏标签。于是李开复放出第一波应对：翻译的问题，国外通用的方式。这显然不能赢得方舟子的谅解，因为方舟子本身就是奔着“拆台”的目的去的。于是李开复微博晒出聘书，这一招似乎赢得了很多知名人士的支持，这一点上名人的各种公信度为李开复加分不少。也许是唐骏事件为李开复的公关提供了太多的经验及学习材料，所以李开复最终选择了服软道歉，这并不能代表什么，相反，李开复的道歉赢得了多数人的谅解，不恋战是李开复成功公关的一个绝对的标签。

这一点上韩寒一开始似乎就没有想明白，他与方舟子的大战甚至形成了跨年的绝对眼球经济，各种质疑满天飞，韩寒一度陷入了各种解释的境地。这种公关打法显然是被动的，只能见招拆招，到最后韩寒想明白的时候，方舟子已经成功地为自己博得了各种眼球经济，即使最后“代笔门”不了了之，方舟子还是赢得了媒体的头条。所以显然，韩寒不是一个吃苹果的高手。

别人给你一个苹果怎么吃？最基本的方法就是找一块红红的地方，狠狠地咬一口，让果汁瞬间滋润嘴唇。但是如果别人给你一个虫蛀的苹果或者有部分烂掉的苹果，怎么吃？退而求其次的吃法就是处理掉坏掉的部分，而不是久而久之地拖着，李开复选择的方式就是直接一刀切，切掉对手质疑的部分，公开真相，让对手来不及反驳。而韩寒接到苹果之后便开始端详这个苹果，一直拖着，被动地根据对手提出的吃法而选择应对，到最后第一口还没有吃，整个苹果就烂掉了，所以最后尽管自己赢得了结果，可从气势上已经让别人开始产生误解了。

因而通常这样的质疑危机发生的时候，别躲避，一刀切，只有真相才能解决问题。就像一锅沸腾的水，最好的止沸方法不是一瓢一瓢的凉水浇上去，而是果断地出击，被动的解释只会增加战线的周期，越拖越不利己，这个时候，别想太多，釜底抽薪最明智。

质疑危机发生的时候，别躲避，一刀切，此时只有真相才能解决问题。切记要果断出击，被动的解释只会增长战线的周期，越拖越不利己。这个时候，别想太多，釜底抽薪最明智。

香橙

调虎离山：橙子不吃皮

橙子是世界四大名果之一，分为甜酸两种。通常的吃法有两种：剥皮和榨汁。当然依据个人的口味，你还可以炸着吃蒸着吃，反正凭自己的爱好了，就算是做菜当做一种调味剂也不错。

那么在通常的危机公关手段里橙子是怎么吃的呢？

我们不妨看看双汇遭遇“瘦肉精”事件之后是怎么吃橙子的。“瘦肉精”事件的发生不仅是对猪健康与智商的侮辱，也是对消费者最大的欺骗与侮辱。这样的社会事件拥有最初营销爆炸学的基因，不用几天就可以覆盖全国，因为没有人不关心自己生命的问题。你看，在营销的手段里只要把控了人性里“怕”的因素，就成就了一次连锁式的传播效应。

“瘦肉精”事件的发生，对于一个企业来说那就是迅速的公关了，虽然伤害消费者的时候双汇可能不考虑这个问题，商本逐利嘛！但是事情发生了总要去解决的，否则失去了消费者的信任，那就意味着白花花的银子都流进了对手的腰包，这显然是双汇不想看到的。于是“万人道歉大会”这个应急公关策略就迅速地被提上了日程。

在董事长万隆背后的背景板上，双汇的拼音本来应该是“SHUANGHUI”，结果由于公关公司的失误，拼成了“SHAUNHUI”。于是在愚人节的前一天，提前跟消费者开了一个玩笑。拼音的错误成为微博上的讨论热点，万人大会成为了人们的笑柄。兵贵神速却行一着险棋，这一出到底是玩的哪一样呢？

我们不妨来分析一下危机公关的核心目的是什么。解决问题或者转移视线这是惯用的手段，双汇的这一招果然够歹毒，不过显然是一招臭棋，你说，一个企业居然把自己的名字搞错，这种对自己都不负责的企业怎么会对消费者负责呢？如此你让消费者怎么想你这个企业？这是要道哪门子的歉呢？

大会云集各路供应商、工商、畜牧以及投资代表、记者代表，怎么唯独缺失消费者代表呢？这道歉到底是给谁道歉啊？甚至道歉的高潮居然是有经销商喊出了“双汇万岁”。没错，是双汇万岁！这样的事件在这种敏感期肯定又是一个笑料。

你猜的结果没错，“笑料＋笑料”产生的媒体公关效果就是视线的转移，剑走偏锋，话题一走远谁还会再用九头牛把它拉回来？没人，所以“瘦肉精”的问题只能淹死在新一波娱乐至死的话题里。在拼音错误与万岁的双恶搞前提下，原本的危机声音显然已经越来越弱了。当今天我们站在一个记性基本上等同于健忘的民族面前，站在一个“五毒不侵”的民族面前，你还记得当年的“瘦肉精”吗？

无论当年的“拼音门”也好，“万岁门”也好，这一招调虎离山之计最终的结果实际上是胜利的。无论如何，犯下大错的双汇最后还是轻松地吃了一个漂亮的橙子，尽管这个橙子初始有点酸有点苦，但是最后一口肯定是甜的，因为现在我们依然看到双汇的肉制品高傲地躺在货架上。

危机公关里，橙子怎么吃你明白了吗？那就是找一个合适的切入口剥皮，而皮的命运就是被弃在垃圾桶里面，当然不排除有一些特殊爱好的人会晒干了橙子皮泡茶喝，但是双汇估计现在已经没胆捡起当年的“瘦肉精”泡茶喝了，所以这一招皮与果肉的分离是多妙的调虎离山，现在双汇吃着甜甜的果肉的时候，谁还记得当年那一片青涩的果皮呢？

转移视线，玩的就是调虎离山，老虎离开山了，企业还有什么好担心的呢？尽管这一招将错补错不是最好的公关，但是它最终却解决了问题。战略营销中有什么好讲究的呢？白猫或者黑猫，能捉住耗子不就完了嘛。

转移视线，玩的就是调虎离山。“笑料＋笑料”产生的媒体公关效果就是视线的转移。剑走偏锋，话题一走远谁还会再用九头牛把它拉回来？

榴莲

金蝉脱壳：外壳很棘手

一提及榴莲，我甚至觉得我身边的空气都多了一种怪怪的味道。这个原产自马来西亚的“水果之王”确实颠覆了我对水果的印象。但是，也有许多人自从吃了第一口以后，就会被榴莲那种特殊的回味和质感所吸引。果然，时代太疯狂了，重口味的还是大有人在，这个世界上就算是一条内裤一卷卫生纸一块臭豆腐，都是有属于它的命运的。

无论你是喜欢吃榴莲还是对其望而却步，我都要说说吃榴莲的方法，不得不提的是在这一点上红十字最有自己的看法和实战经验。既然要吃榴莲，我们不妨回到 2011 年 6 月 20 日，从一个叫做郭美美的小姑娘微博炫富的故事开始讲起。豪宅、名车、名包等照片的发布以及配合其微博认证信息中国红十字会商业总经理，这些敏感的信息终于激起了网友的愤怒，这个所谓的“红商会”到底要玩哪一出呢？这个事件的疯狂爆发，是不是意味着想当年我们年少轻狂时代捐助的钱最后实际上换成了郭美美手里小包包一角的一角呢？

从羡慕、嫉妒，成功地过渡到了恨。万民围观、万民声讨，并且把矛头直接指向了中国红十字会。在微博这一块“领地”，红十字会收到有史以来最壮观的祝福，那就是10万个“呸”。这一场炫富激发的蝴蝶效应终于导向了不可预测的境地，一下子红十字会百年塑造包装的慈善形象居然3天就毁在了一个小姑娘的手里，多么有意思的故事。这一刻，我甚至开始相信孟姜女哭长城的故事了，我相信像是红十字会百年塑造的信任长城也会瞬间毁在郭美女的照片里。

“红十字会”一再声明：与“郭美美”此人毫无瓜葛，但是谁信呢？说服民众就要拿出一点更真实的真相，网民是不相信故事的。于是郭美美的身世之谜立马陷入了一轮“人肉”中，果然长线背后还有大鱼，这一条以慈善为名的利益链终于浮出了水面。

“郭美美”的事没弄清楚，没心情捐款！——这是新浪微博上一句由“郭美美”事件而引发的造句。没心情吃饭、没心情逛街、没心情减肥、没心情结婚……各种“没心情”轮番登场，于是，面对红十字会的声明，不少网民的态度是“没心情听声明”。当质疑越来越严重的时候，真相显然已经死了。

好在最后红十字会极力一刀切除所有与自己不利的因素，不惜丢车保帅。事件的最后，红十字会显然已经解决了“郭美美事件”这个“榴莲”带来的杀伤性攻击。郭美美就是这榴莲外部棘手的壳，她的出现确实让红十字会承受了绝大的压力，但是毕竟红十字会经历了太多的大风大浪，断然是不会在郭美美这条小阴沟里翻船的。榴莲摆在面前，你不得不吃的时候就只能选择果肉的金蝉脱壳了，找一个替罪羊是最迫切的问题，等榴莲棘手的外壳被剥落，里面就只剩下生鲜的果肉了。

我们不否认，绕了一个大圈子，红十字会的危机还是成功地获得了转机，撇清了关系，利用一个未注册的马甲公司来承担责任是一招很妙的金蝉脱壳，反正马甲这东西，扔掉一个再重新做一个就行了，公众要的是处理结果，那么杀只鸡给猴看看就行了。不过多久，当民众的视线又跑向另一个王美美刘美美身上的时候，摇身一变马甲又会黄袍加身。

尽管公关得漂亮，但是就像榴莲一样，褪掉了棘手的外壳，还是有那么一股怪怪的味道，你看，如今再发生一些天灾人祸，红十字会的号召力公信力还像从前一样吗？

金蝉脱壳公关里找一个替罪羊是关键。这如同吃榴莲，不得不吃的时候就只能选择将棘手的外壳剥落。但是尽管公关得漂亮，也如同榴莲一样，褪掉了棘手的外壳，也还是有那么一股怪怪的味道。

猕猴桃

围魏救赵：夹在中间的果肉最美味

如今最有意思的吐槽在哪里？没错，就是微博。用了什么产品心里不爽，售后让你更不爽？没事，微博吐槽一下吧！瞬间就会有人搭理你。这就是微博带来的全新用户体验，用户的意见终于开始受到商家的关注了。

很显然，老罗的出现让西门子彻底认识了微博这个刺头。长达21天的时间里，老罗围绕西门子冰箱的质量问题持续刷屏，并不断与网友互动，让西门子这种大牌彻底无语了，他们显然没有料到会有如此摆不平的消费者，大牌的王者霸气在这一刻显然“嗝屁”了，尤其是老罗霸气地在西门子总部铁锤抡冰箱的那一刻，你会发现有一句话必须送给老罗——“铁肩担道义，辣手著文章”。没错，西门子各种质量问题于那一刻在老罗的微博直播了，刷屏了。他还拍摄视频表明西门子冰箱存在问题，甚至特意去天津和北京的电器城调查，微博的推动媒体的参与，终于令西门子迎来了这个危机。

两天后，西门子家电官方微博被动做出回应：针对西门子冰箱门不易关紧的问题，将提供上门检测和维护服务，并公布了联系方式。声明中西门子认为其冰箱“确认不属于质量问题”。老罗不接受西门子家电的说法，认为西门子家电的表态是“打官腔的声明”。这样的官方性声明又持续了一个回合，甚至不得不电话线下沟通，事态越来越严重了，但是西门子就是拒不承认有质量问题。

好了，故事到这里，我想剥一个猕猴桃吃。你会发现这个毛茸茸的皮让你既爱又恨，那么猕猴桃怎么吃才最爽呢？那不妨切一下，依稀露出环环的果肉。咦？你有没有发现猕猴桃黑籽围成的一圈里面是白色的东西？是的，这个公关模式就是西门子等来的运气。尽管其态度并不能达到老罗的意愿，但是其处理其余消费者的态度和速度还是值得肯定的，大牌嘛，毕竟舍不得拉下自己的面子，要不是遇见的是老罗，估计已经利用其大牌的气势摆平了。

等来的这一次好公关模式，我们称之为围魏救赵。当然大牌危机公关中，并不是所有的企业都能有这样的好运气，西门子只是等了一个恰好而已。围魏救赵的公关模式就是期待发生一件更大的社会化公众事件，利用这个社会公众事件转移消费者对危机品牌的关注度，这种方式在中国这个爱凑热闹的国家基本上每次都会奏效。西门子与老罗之间的口水战终于被金正日的去世事件解救了。

西门子最应该感谢的是金正日，金正日的去世成为各大媒体的头条信息，微博上各种关于金正日的信息开始爆棚，所以西门子的事情对于网民来说就先搁置一下吧，人死为大嘛！当然这种运气的事是无法阻止老罗维权的心的，不过再后来就不得不提及另一个人了，那就是方舟子的出现，出现得是那么的巧合那么的及时，就像《水浒传》里面的及时雨宋江一样。

方舟子跟老罗的培训学校较上劲了，什么非法办学之类的标题党字眼又出现了，这是方舟子一贯的打法，他喜欢收集各种网友提供的证据，利用断章取义的方式打对手一个反手杀，在对手还不明白啥情况的时候就先获一分，等对手开始反击的时候，方舟子就按部就班地喂球、正手打，然后反手杀，每一次的力度都显得那么的精致，仿佛背后有人一直在指导一样。老罗后院起火了，还有心情管那个关不上门的西门子吗？这一招围魏救赵，厉害！

跟着西门子，你学会吃猕猴桃了吗？

围魏救赵的公关模式就是期待发生一件更大的社会化公众事件，利用该社会公众事件转移消费者对危机品牌的关注度，这种方式在爱凑热闹的国家里基本上每次都会奏效。

蓝莓

李代桃僵：一颗坏蓝莓毁了一篮子果

蓝莓果实中含有丰富的营养成分，它不仅具有良好的营养保健作用，还具有防止脑神经老化、强心、抗癌、软化血管、增强人机体免疫等功能。当然物有所值的前提是，它在超市里面的价格也挺好看。

一般来说，要是一小盒蓝莓其中一颗是烂掉的，而你忘记了把它拣出来，那么后果是非常可怕的，那就是一小盒慢慢的都会被腐蚀，直到整盒都废掉。这一颗坏掉的蓝莓其本质上等同于一颗老鼠屎掉进了米粥里。

一盒蓝莓怎么吃？这一点上，但凡玩过“召回”的企业都懂得，那就是一招李代桃僵。越快的召回意味着越快速度地挽回消费者的信任度，明知道有问题又假装自欺欺人的企业可能最后的下场就是只有历史会记住他的名字，你看，我们已经多久不再提及三鹿奶粉了。

经典的危机“召回”事件莫过于丰田与强生。丰田的车辆召回数量自 2004 年实施汽车召回制度以来屡屡破新高。零部件出现缺陷，电动车窗的开关存在缺陷，这显然不足以让丰田有如此大的动作，这种举动意味着消费者的知情权被忽略了，同样，这也意味着丰田出现了更大的质量危机，否则这样的小鸡肋毛病并不足以如此兴师动众。尽管道歉一而再再而三的发出，但是消费者敏感的神经已经被挑逗起来了，不过总归在消费者的猜测中。丰田做了“主动召回”这一选择，尽管损失严重但避免了出事后品牌形象的打折扣和损失。

强生那个“因爱而生”的口号喊得令人心生感动，但是频频地召回却不得不把消费者的脆弱神经拉回到现实里。强生最经典的召回事件，莫过于收回了价值近 1 亿美元的泰诺止痛胶囊，并投入 50 万美元，利用各种渠道通知医院、诊所、药店、医生停止销售。随后，强生积极与新闻媒介沟通，配合美国医药管理局的调查，并及时向公众发布了检查结果。这是一次为生命赢得时间的召回，这样的社会责任感确实挽回了强生很大的品牌颜面。但是其后来强生的危机召回却没有先前的魄力，在消费者的面前再也没有交上满意的答卷。

一盒子蓝莓扔掉一颗烂掉的没有什么可惜，原本就应该处理。但是如果以次充好假装没有发生一直放在盒子里，就会侵染其他的蓝莓。企业遇到如此的产品危机没有什么好避讳的，人非圣贤孰能无过，只要不隐瞒真实去解决问题，哪怕是召回又能怎样？这是给消费者健康最踏实的交代，损失的只是当时的利益，挽回的却是市场的信任。在市场信任面前，短期利益基本上不值得一谈，一个完全拥有消费者信赖的产品盈利是早晚的事。对于一个心里装着消费者的产品，消费者最后心里也是装着这个产品的，这个世界很公平，将心比心，就是这么简单。

当不得不进行一些“召回”的时候，企业此时要保持冷静，不要侥幸逃避，此时的侥幸是对品牌最大的不负责。这个时候只需要两步走就可以了：有速度、有诚意。除了这些你甚至暂时不需要解释，迅速地召回然后公开事实的真相，消费者自会判断是否要支持你，但是隐瞒从来就没有胜利的先例，这个世界很公平，出来混迟早是要还的。

当不得不进行一些“召回”的时候，企业一定要保持冷静，不要侥幸逃避，否则是对品牌最大的不负责。这个时候你只需要两步走：有速度、有诚意。

人参果

假痴不癫：一场飙泪的演习

身陷“造假门”的达芬奇家居在京召开新闻发布会，面对公众质疑，总经理声泪俱下哭诉自己创业艰辛史，坚称代理的意大利品牌全为原装进口，同时也承认与东莞长丰合作生产过美国好莱坞品牌。所以我坚信她最喜欢吃的水果一定是人参果，没错，就是那个弥勒佛式的水果——你永远只能看到他的一个表情，那就是笑，而她的公关态度就一个：哭。

这一场假痴不癫玩得果然够精彩，站在被批判的位置上，可能假痴不癫是最好的公关，尤其是加上一系列的飙泪，这简直就是对人性的一个最大考验，稍不留神那些心软的消费者可能就原谅了她，但实际上达芬奇的主要客户群是有钱人，那么有钱人心软吗？所以后来网友调侃：达芬奇教你飚泪公关，你跟她讲欺诈，她跟你讲创业，你跟她讲赔偿，她跟你讲慈善，你对她吹胡子，她跟你飙眼泪。

公众还没从达芬奇的眼泪中缓过神来，京沪高铁就在2013年

7月10日、11日、13日连续出现3次晚点事件，让人们再次见识到了飙泪公关。霸王集团对旗下产品被曝含有“致癌物质”作出公开回应时，其CEO面对众多媒体镜头，讲到激动处痛哭流涕，感叹“在中国做企业为什么就这么难”。当然飙泪公关并不只是女性的拿手好戏，以“我爸是李刚”而直线走红的李启铭一边抹泪一边道歉，甚至“3Q大战”的时候，腾讯的公关经理也在媒体面前痛快地做了一个艰难的决定，那就是飙泪。

公众越来越不相信眼泪了，谁没个三分心酸，既然创业就都要经历心酸。你看唐僧也不容易，不就是取一本经书嘛！翻山越岭打怪升级刷副本。如今在媒体面前装脆弱挽回几分薄面飙泪的行为越来越不好用了，不过同样是这一招，还是要看谁在用。

比如说舒淇流泪删微博的事件，女人嫁得好不如哭得好，会哭的孩子总是有糖吃。

想当年，一个20万粉丝的男人与一个400万粉丝的男人PK了，到最后一个1000万粉丝的女人挂了，接着一个800万粉丝的男人出来帮1000万粉丝的女人说话，一个300万粉丝的男人求温暖，一个100万粉丝的男人呼吁退出新浪微博。这一出折子戏闹腾的，新浪躺着也中枪。

你以为这只是一出男人与男人间的动作片发展成了爱恨缠绵的言情剧，谁曾想最后却成了一出互动的悬疑戏。这一路走来看得粉丝步步惊心，也让营销界多了一个无敌的多米诺骨牌般的营销案例。

娱乐圈向来不缺少话题，尤其是当一部电影或电视剧开机关机上演的时候。而《特殊身份》由于赵文卓与甄子丹事件而引发了台湾、内地、香港明星的站队大比赛，天涯论坛舒淇的艳照事件则成了一个加长版的导火索，星星之火经过煽风点火终于燎原新浪微博了。

a. 博眼球

无论如何这是一个多赢的事件，明星都瞬间爆红走上娱乐头条。对于电影来说这则是不可多得的媒体资源，省去了造势的媒介费用。但是依据百度指数来看，好像也并未给《特殊身份》带来多大的改变，这也就意味着《特殊身份》并不是最后的赢家，当然还有更多的理由来证明《特殊身份》也获益了，比如导演和主演都还未上演就成了网民的谈资。

b. 博骂名

芙蓉姐姐是这么火的！凤姐是这么火的！贞操女神是这么火的！靠骂成名是一条捷径，眼球经济永远是娱乐圈的掌上法宝。反正到最后是经济基础决定上层建筑，媒体总会被利用推动出你的广告价值。人家归真堂也这么做，反正到最后用得着熊胆的时候，你已经知道他们家是货真价实的。

c. 博明星

一个人的能力有多强，取决于你的朋友圈子有多强！就像腾讯推出 QQ 圈子，多年前你的旧爱加上如今的新欢都会在同一个屋檐下成为你细水长流的小情调。至于隐私不隐私，卷进了互联网基本上就等同于进了大澡堂。李开复学历被质疑也用这招，企业危机公关也用这招，威望高的人肯为你驳回面子你就已经开始赢了，而舒淇的出现只不过是一场戏的高潮而已。

d. 博媒体

如果没有舒淇一招删微博的险棋，媒体会压倒性的推动吗？至于媒体报道是否属实都会推动跟风不调研的媒体。一旦媒体造势成功，无理也能博三分势，因为柯南只是动画片里的小伙子，而娱乐圈真相又不止一个！谢霆锋与张柏芝的分分合合，玩的也是这一出，郭德纲被封杀玩的也是这一出，新鲜的东西玩起来风险大，有案例为什么不模仿呢？何况媒体的舆论总是可以煽动不了解真相的人。

e. 博粉丝

媒体一边倒，那么草根媒体自然也会一边倒，真相有时候就是这样，高手也总是来自民间。那么谁来挽回这场败局，谁又最后成了最大的牺牲品？没错！你是握着辛辛苦苦赚来的50元钱看一场《唐山大地震》也好，还是看一出《非诚勿扰》也好，如果你站不好队，那就成了导演嘴里的畜生。于是最后水军和赵文卓背上了黑锅！好在当年百度文库遭遇韩寒的时候韩寒没有开微博，否则水军又背上了黑锅。

f. 博名利

无论最后是以什么剧种收场，反正各路明星都赚足了眼球。而娱乐圈就是以人为本，不像企业营销，以产品为本，博眼球炒作最后可能沦为消费者对产品的抵触。而网络红人就不同，过了这村你下一个店就可以峰回路转。任何走红的方式都会有广告的价值。

g. 博同情

芙蓉姐姐转型也可以成为励志姐，凤姐转型也可以引来百万粉丝追捧。女人卖萌示弱撒娇都可以赚个满堂彩，就连高晓松卖个萌求个温暖也会成为一种流行趋势。因为“高晓松体”让每一个人找到了每一个行业的无奈与辛酸。微博女王一句“亲爱的，别删了，心疼你”让整个故事走上了煽情的高峰！达芬奇危机公关也这么玩，你讲她造假她说她创业艰辛。

h. 博危机

原本是甄某某与赵某某的事，最后却成了一个女人来埋单。女人在媒体的风口浪尖上稍微落点泪，你还好意思继续痛批人家吗？而冯小刚的支持和高晓松的曲线支持，也已经让更多的真相开始沉下水面。转移话题永远是危机公关里百试不爽的一件事，双汇“瘦肉精”事件也是这么玩，“拼音门”的视觉转移总好过消费者盯着产品不放。

到最后真相已经不重要，何况网民大多数是健忘的一族，总有一件新的舆论高潮会盖掉旧的繁华，网民只不过在看一场戏，而明

当站在被批判的位置上，假痴不癫可能是最好的公关，尤其是再加上一系列的飙泪，这简直就是对人性的最大考验，稍不留神那些心软的消费者可能就会原谅你。

星却是名利双收。一场多米诺骨牌，几家欢乐几家愁，但是参与的人总能收获！自古江山美女一锅煮，谁人不为他人棋，明星骂架由他去，粉丝何必要当真，骂来骂去伤身体，气出病来无人替。所以还不如好好的搬一个凳子，安静地坐下看看窗外的风景，顺道吃一个人参果。

丢车保帅：桃核的命运很悲惨

我的家乡盛产桃子，主要的栽种人群是农民。他们虽种植经济树木，但是由于地理原因和农民资源短缺的原因，实际上大部分的利益是被当地的一些桃贩子所获得，而且价格基本上被压制得很厉害，当然最主要的原因在于小地方的产品难以打造成为一个品牌。

对于农民来说，没有品牌铺垫的经济作物都是以劳动力来兑换价值的，所以每当到了桃子成熟的季节，当你看到家家户户开始推着小车摘桃的时候，那场面不只是心酸。这就是农民的艰辛，他们甚至把一整年的希望都压在桃上，但是如果摊上当年的风雨调节不当，也就意味着这一年又是心酸的一年。也可能是乡村的原因，有关部门没有意识也没有资金去打造当地的一个桃品牌，以此给予当地的农民一个保障。

“靠山吃山靠水吃水”是农民经常说的一句话，是的，我年少的时代吃过了太多的桃子，我吃的桃子可能比你走的桥还要多，无论是从形状上、种类上，都吃了太多太多。“桃养人杏伤人，李子行里抬死人。”这也是说桃的好处，所以站在一个有着十几年吃桃经验的人的位置上，让我来告诉你，桃，应该怎么吃。那就是：只吃果肉不吃桃核。这一招叫做丢车保帅，戴尔的危机公关玩这一出时最精彩。

这个故事要从一封神奇的邮件开始，那就是戴尔的销售人员发给其客户的邮件，该邮件诉说的一个事实是，美国同意了联想收购 IBM，现在客户们每买 IBM 一美元的产品，都是直接支持和资助了中国政府。这是一封很明显带有民族情绪的邮件，也就在此挑起了营销大战。邮件的公开让整个“战争”的火药味越来越浓烈了，而中国媒体的报道更是将这一“邮件门”变成了戴尔赤裸裸的民族攻击。

戴尔原本只是想吃一个桃而已，谁知道，偷桃不成反被孙悟空打了一棒。既然如此，有惹事的能力就要有平事的本事，于是戴尔力图希望通过一次公关来挽回自己在中国的颜面。首先戴尔先竖起了一个国际标杆，然后爬上去说公司一直以来鼓励员工诚信取胜，这个信念就像胸口的刺青一样不可磨灭，但是对于员工如今这样的做法，他们只能深表遗憾，由于这是员工的个人行为，所以公司没法承担这个责任。对于员工做出的这一不漂亮的举措，公司肯定要严厉惩罚，力图达到杀鸡给猴子看的目的，严禁公司以后发生同类事件。戴尔一贯致力于在中国的长期投资和发展，与中国政府有着长期良好的合作关系，戴尔公司对中国政府所给予的一贯支持表示感谢。然后就像李开复发的微博一样，后面 12345，条条都是其在中国的“丰功伟绩”。

这一招漂亮啊！与传统的一些公关，比如“临时工”有着异曲同工之妙，只是他们最后从来没有想过员工的感受。貌似没有一个员工会有如此的能耐去营造这样一个事端，如果没有公司的默认，一切应该不会发生吧！当然这些我们只能猜测，但是这一结果肯定让戴尔的员工寒心了。

当出现这样的危机问题的时候，企业最应该有的态度是为员工担当，让员工有一种幸福感，而不是替罪羊的感觉，否则戴尔未来的江山没有多少人愿意陪着你一起打拼了。当然我们也可以以为，这个所谓的员工不过是一个“马甲”而已，马甲嘛，春去秋来又换一件，这个事件只不过是告诉联想：尽管你收购了 IBM，但也别太放肆，没什么用的。

戴尔吃了桃，却扔掉了桃核，理论上没有错，但是最好的方式是把桃核种上，尽管明年的秋天也许看不到大大红红的鲜桃，但是如果合理地嫁接，也许 3 年后你会通过这个桃核收获一大批的桃子。现在你明白了一个桃子最重要的是什么了吧！

出现危机问题，企业最应该有的态度是为员工担当，让员工有一种幸福感，而不是当替罪羊的感觉，否则未来的江山没有多少人会愿意陪着你一起打拼。

葡萄

树上开花：狐狸说，葡萄是酸的

我认识一只小狐狸，我们有十几年的交情了。很多年前，我们出生入死形影不离，如今它依然是我最好的玩伴。它总是在我生命里最窘迫的时候出现，安慰我鼓励我，一直陪我成长。我想你的生命里应该也有这样一只小狐狸。

我认识的小狐狸，只爱吃甜柠檬，不爱吃酸葡萄，它觉得天底下的葡萄尤其是它跳起来够不到的葡萄都是酸的，酸葡萄有什么好吃的呢？

就是因为不懂小狐狸的做法，肯德基的“秒杀门”给很多的企业促销上了印象深刻的一堂课。2010 年 4 月 6 日，肯德基中国公司推出“超值星期二”三轮秒杀活动，64 元的外带全家桶只要 32 元，这种活动对于喜欢快餐的人群绝对的带动。但是当你辛辛苦苦过关斩将“秒”到这张优惠券准备去肯德基消费的时候，服务员却告诉你：“对不起，你的优惠券不在服务范围内。”口口声声的促销，可当人家来消费的时候又单方面地取消活动，这也太“坑爹”

了吧！

当然，作为肯德基是有解释的，那就是第一轮销售很火爆，主办方很高兴，但是第二轮开始出现虚假的优惠券了，于是不得不放弃这个活动。“超值星期二”一下子变成了“幽默星期二”，这一出玩的够惊心动魄。小狐狸肯定不愿意啊，因为好不容易跳起来够到葡萄了，这是多么千载难逢的机会啊，但你突然告诉小狐狸说这葡萄有毒不能吃，吃了保不齐就挂了。负面情绪于是一下子就火冒三丈了，甚至有小狐狸坐在肯德基的店里拨通了麦当劳的外卖电话，这是多滑稽的一幕啊，没错，小狐狸正是点了一份“滑鸡饭”！

事到如此，我们不得不怀疑这是一次赤裸裸的炒作了，只是炒的时候火候没有把握好，自己把自己的锅炒煳了，这种促销行为显然已经开始迈向欺骗了，而且见好就收的促销也让消费者认清了商家的面目。

本来多简单的一件事，就是促销太火爆了，商家怕成本高出预算，那好办啊！先把最开始的承诺完成了，可简单的事非整得复杂了，又是假优惠券又是什么的，这样无疑是对消费者最大的歧视。消费者为什么有负面情绪？这很简单，那就是他们看见有的人吃了葡萄是甜的，等他自己来吃的时候，你却告诉他只剩下葡萄架了，而实际上是你偷偷地把葡萄都藏起来了，这样没有得到葡萄的人肯定要骂的，而这个时候最简单的方法就是疏导这些不良情绪。我不知道一份外带全家桶的成本是多少，但是我知道户外广告一块牌子的月租是多少，我知道门户大站的弹窗多少钱一个 CPM，我知道分众传媒的 LED 显示器一块屏一周多少钱。如果换一种思维模式，将活动进行到底，是不是会变成一次很牛的广告效应呢？

原本一次很提升用户口碑、增加用户体验的活动，非得最后那么小家子气，那就不能怨消费者太不买账了。其实每一个人心里都有这样一只小狐狸，它得不到就不高兴，它就愿意闹情绪。不就是一串葡萄嘛！

通常我们看到很多的促销活动动辄说大奖频频，而实际呢，你见到过多少人领过 iPhone，多少人领过某某车？这些只不过是为了平面广告的和谐与诱惑力而已，不过倒是小奖很平均，很多人都可以得到，为什么？吃了那么多年的葡萄你还不明白吗？小奖的目的就是托，就是为了证明大奖真的有，人人有份小奖后，谁还管葡萄架子最上端的 iPhone 是不是酸的呢？

消费者为什么有负面情绪？很简单，他看见有的人吃了葡萄是甜的，等他自己来吃时你却告诉他只剩葡萄架了，实际上却是你偷偷地把葡萄都藏了起来。每一个人心里都有一只小狐狸，它得不到就不高兴，得不到就愿意闹情绪。

03

王婆的西瓜到底卖给了谁？

•夸自己一点儿什么好•

广告入消费者的法眼，一定要精准，表述绝对要清晰，无论是 10 ~ 15 秒的 TVC 广告还是长到 30 分钟的微电影，无论是一张公交站牌户外平面广告还是微博上一条段子配图片，无论是 LED 大展示还是一张宣传单街头散发，传递的核心卖点一定要准确到位不含糊。

每一个淘宝店上辈子都是折翼的天使，至于你想让它变成什么样子，这一点，你说了算。

东家有女养在深闺无人识

王婆，其实是一个男人，因其说话絮絮叨叨婆婆妈妈，就得来此绰号，主营业务是卖西瓜，当然这个西瓜并不是我们传统意义上的西瓜，而是一种产自于新疆、甘肃一带的瓜，那一带种的瓜叫胡瓜，这个胡瓜呢也不是说的台湾综艺节目主持人胡瓜，而是现今的哈密瓜。

那个时候宋朝边境经常发生战乱，王婆为了避难，就迁到了开封的乡下，种起胡瓜来。但胡瓜的外表不太好看，中原的人都不认识这种瓜，所以尽管这胡瓜比普通的西瓜甜上 10 倍，还是没有人来买。通常我们做的企业品牌也是如此，很多时候，我们会觉得我的货很好，但是识货的人少，当年就算苹果手机也差点因此毁于一旦的。

于是王婆就采取了最基本的营销策略：试吃。这是对新品最好的一种推广方式，一来测试口味市场，二来一旦形成口碑后期的效果将不可限量。当然前提是产品品质、特色一定要过硬，否则只是搬起石头砸自己的脚。这一点上很多的快消品都采取了这种模式。包括红牛启动的“红牛时间到”等以试用为核心的推广方式。王婆的瓜起初没有人敢吃，后来有个胆大的人尝了一口，只觉蜜一样的甜，于是，一传十，十传百，王婆的瓜摊生意兴隆，人来人往。

王婆在整个过程中，实际上做了最重要的一个环节，首先是游说别人来参与试吃，当这个环节开始执行的时候，实际上他注入了第二个概念，那就是：哈密瓜比西瓜甜。他突出甜这一个概念以此来细分市场和消费者人群。因为哈密瓜与中原传统的观念习惯是不同的，而且比不过西瓜大。这就是一些地域性的差异，是没法弥补的缺陷，所以哈密瓜想进入中原市场，就需要找一个很好的切入点，所以王婆选择了：甜。

而在“甜”这一点上，西瓜被完爆了。最重要的是一种来自于中原的好奇心被调动起来了，第一个试吃哈密瓜的人，我们大多数时候以为是民众，而实际上在营销策略的传播过程中都是商家安排的托儿，就因为托儿的一句“甜，甜过初恋”这一惊动消费者内心波澜的冲击，就充分地证明了围观的受众都是喜欢“甜”的人，因为王婆很清楚，消费者也很清楚，“甜”是市场细分也是消费者细分，喜欢“酸”的人会自动绕道，这样就为王婆节省了很多的推介时间，而节省的时间又都全部用在了潜在客户的推介上。这种精准的营销对于王婆来说，就算是自卖自夸那又能怎样呢？

我们不妨假设一下，王婆的瓜如果本身质量有缺点，离开新疆、甘肃一带的哈密瓜并不能适应中原的气候土壤，不能形成强有力的糖分，那么王婆的瓜的卖点就会重新定位。这就好比橘生淮南则为橘，生于淮北则为枳。所以在此之前，王婆选择将瓜切开，免费试吃。也许并不是所有的人都会喜欢甜，所以从王婆第一批瓜上市，对于王婆来说是新市场的开拓，也是新品的首次尝试，毕竟在中原地带的土壤与阳光下的哈密瓜自然会有中原的气质，如果卖瓜失败，可能王婆最后会搞起媒婆的生意。但是为了稍微刺激一下市场，还是安排了试吃的托儿，于是第一波假象口碑就开始传播了。而真正卷入到试吃大军的人，尝试完后的结果是：果然不错，甜过初恋。这一下子就奠定了王婆哈密瓜的地位，也同时让王婆的瓜从各种瓜市场细分出来，定位明确推介得当，这注定了品牌的成功。

从产品的研发到市场的推介，企业需要把控一个与消费者接触的点，这个点是一次玄妙的信号，注定了该产品是弃之无味还是市场强推。一个没有点的产品注定会陷入茫茫的人海里。

从产品的研发到市场的推介，市场需要把控一个与消费者接触的点，这个点是一次玄妙的信号，注定了该阐释弃之无味还是被市场强推。一个没有点的产品注定会陷入茫茫的人海里。

消费者的特点、需求

每一个人都逃脱不了“7宗罪”

在我们每一个人的内心里其实都住着7个小鬼，有的人内心的小鬼已经睡着了，而有的一直在拼命地挣扎，通常情况下总有一个小鬼战胜其他的小鬼，成为你当时的心情。比如好朋友谈恋爱了，好朋友买了新车，虽然你面带微笑，但是你的面部神经却已经深深地出卖了你的内心，透过薄薄的脸皮我们可以看到你羡慕嫉妒恨的心情，而这只不过是嫉妒小鬼在这一刻抢了风头而已。

在我们的内心里：傲慢、妒忌、暴怒、懒惰、贪婪、饕餮（暴食）及色欲是不可能摆脱掉的小鬼，从出生他们就跟着你，只是明显不明显的问题，有的人压抑住了就不明显，而有的人压制不住，于是就变得喜怒无常。

网上说，往往当一个人说“不是我吹牛”这句话的时候，他就开始要吹牛了。往往当一个人说“不是我打击你”这句话的时候，他就开始要打击你了。往往当一个人说“不是我批评你”这句话的时候，他就要开始批评你了。往往卖东西的人说“不是我骗你”这句话的时候，他就要开始骗你了。往往你的爱人说“不是我不爱你”这句话的时候，他就已经开始不爱你了。原本这些话都是否定句，就因为说这句话的时候，他的内心里某一个小鬼在偷偷地作祟，于是就发生了接下来你不想看到的局面。

这就是消费者的心理，这就是消费者的特点，实际上作为企业品牌每天都会遇到这种稀奇古怪的消费者，你拿他们没办法，甚至他们自己都拿他们自己没办法。比如小姑娘说再上淘宝、美丽说就剁手，但她依然还会再上。

既然每一个消费者的内心里都住着这样一些小鬼，那我们不妨利用一些营销方法把小鬼们激活，善意利用。“君子生非异也，善假于物也。”其实每一种罪背后都存在一种非常玄妙的营销技巧。

傲慢营销：通常这种营销集中体现在奢侈品上，利用人们对身份象征的虚荣来满足一部分人的心态。比如那些大牌LV、GUCCI、乔治·阿玛尼、范思哲、江诗丹顿、劳斯莱斯、兰蔻、雅诗兰黛、爱马仕、PRADA，在一些所谓高贵的场所都会有这些品牌的身影，当然在一些大众耳熟能详的场所也可以看到这些品牌，比如公交车上我们会偶然遇见几个背着LV包包的大妈。傲慢营销最受打击的策略在中国就是山寨，山寨是很让大牌伤自尊心的，也让很多的有钱人伤自尊心。

妒忌营销：通常的模式是利用同类人的刺激，广告中会出现他有了，你也应该有之类的辞藻。通过嫉妒心的激活进而刺激产品的销售，没有人愿意被别人比下去的心理作怪就导致了消费者的冲动与迷失。

暴怒营销：利用一种不可遏制的愤怒情绪进行营销，这一点上，钓鱼岛的先例最为疯狂，当然对于外部的反应机制是“爱国营销”。好一个“爱国”，于是各大餐厅纷纷采用这个吸引眼球的关键词，喊一声“钓鱼岛是中国的”全部菜品就九折。

懒惰营销：懒人已经成为一个庞大的群体了，这个群体利用互联网的发达，迅速地收编了宅男宅女群体。针对懒人的各种服务开始变得越来越多了，最最基础的“民以食为天”，外卖就是一个最简单的营销。这种模式好比一个搬山的问题，弟子问佛说如何把山搬过来，佛说：山不过来，我自向山走过去。这就是搬山的内涵。

贪婪营销：这是无耻的促销惯用的手段，“满就送、买一送一”，这种手段一旦节假日便开始疯狂，我们一次次的上当一次次的吃亏，吃一堑总长不了一智，为什么？因为一看到这类的广告，我们的眼球和内心无国籍达成了统一的意见，激活了贪婪小鬼。

饕餮（暴食）营销：对于这种营销来说，普通一点的是试吃，比如鸡翅出了变态辣味道的，找一帮变态的人拼一下耐辣指数。文艺一点的例如试吃蛋糕商家会顺带教你一些烘焙的技巧。“2B”一点的就是失恋了，总以为吃成一个胖子就可以溺死悲伤，到最后胃却成了最受伤的。《失恋 33 天》就打着一场全民失恋的感觉换来了过亿的黑马票房。

色欲营销：情欲营销是发自人内心里最基本的生理反应，是底层的以视觉冲击来完成推广过程的营销模式。游戏是最擅长这一种营销的。你每天上网，冷不丁弹出来的那几个广告中 90% 都是游戏的广告，那些碰触眼球产生生理反应的广告画面到最后忽悠受众注册为会员后，才让你发现你要的“妹纸”再也没有了，广告做得比游戏还奢侈于是成了现在很多游戏的硬伤。

这是人性的弱点，也是人性的可爱之处。如何合理的利用是商家研究的课题，但是无论如何一定不能滥用，尤其是色欲营销，在中国你需要懂规则。《白鹿原》的疯狂出场惨淡收场，就是因为没有利用好这 7 张牌，反而打了一张在中国最不应该打的牌。

傲慢、妒忌、暴怒、懒惰、贪婪、饕餮及色欲是不可能摆脱的小鬼，从你出生便跟着你，只是明显不明显的问题。既然每个人的内心都住着这样一些小鬼，那不妨利用一些营销方法把小鬼们激活，善意利用。这是人性的弱点，但也是人性的可爱之处。

产品可延伸的空间：替代品

离你最近的人不过是最像的替身

一个人一生听过的第一首歌大概是妈妈哼唱的摇篮曲，穿过的第一双鞋不是阿迪不是耐克而是妈妈纳的千层底，长大后离开妈妈开始一个人的奋斗，然后结婚生子定居在另一座城市。但是每次回家接近故乡总会有莫名的感觉，有人说这叫乡愁，有人说这是落叶归根的归宿感，而我老家的谚语说“回家饺子送行面”。当你尝尽天下美食的时候你总会想起妈妈做的饭才是天底下最好吃的美食，它不华丽没有好听的名字好听的故事背景，但是它盛放的却是一个母亲最大的关怀。

当你娶了媳妇以后，你会发现离妈妈做的饭越来越远，逢年过节才会再吃一次，然后你开始习惯了另一个女人给你做的饭，一代就这样一代的过渡下去，你的媳妇后来变成了另一个人的妈妈。生命中总是有这样或那样的东西在不停地更迭，替换掉我们可能最重要的一些东西。

比如失恋是一门很深层次的学问，它让我们重新认识自己，懂得了珍惜，但是我们会重新出发，因为我们需要通过不停的筛选，留下对我们最重要的东西，人的一生不能背负太多的东西。比如我们很喜欢吃红烧肉，去餐厅点菜，恰好红烧肉的材料没有了，我们就选择了一盘鱼香肉丝；比如我一直很喜欢抽泰山的烟，有一天去超市买，这个牌子没有了，我会随便换一种口味。这就是在我们心智里面可以被替代的一个空间，在产品的领域里面，这就是产品的延伸空间：替代品。

通常我们说的替代品是被两种形式所带动的：一是产品的原有价格发生变化，尤其是价格提升，影响了消费者的购买欲望。比如我们去买牛肉，原有的价格印象是 18 元 / 斤，而实际你购买的时候却发现是 25 元 / 斤，在我们内心自动排比后，我们可能最后选择的是 15 元 / 斤的羊肉了。二是在市场原有价格不同的情况下，牛肉还是 18 元 / 斤，我们手头上可支配的收入发生了变化，尤其是降低了，此时同样会影响我们的购买决策，到最后我们可能会选择 13.5 元 / 斤的猪肉了。这就是一种替代效应，根植于我们内心的一种判断，会自动地覆盖我们的原有意识，定点转变我们的最终购买物，替代品的威胁实质就是一个市场价值的转移，它和你现有的竞争、现有行业的竞争是不一样的。

替代品是一种营销策略，是利用消费者原有的思维模式制造的一种新的价格刺激，通常来说这种替代品利用各种新科技手段缩短了生产周期或者降低了研发、制作成本，所以在投向新市场的时候，它会在无形中形成一种优势壁垒，对原产品形成一种市场冲击，有时候虽不至于压制原产品的影响力，但是它确实会影响原产品的市场占有率。当然，替代品的核心要素是不能脱离原有市场消费者偏好的，所以替代品的用途基本上等同于原产品，但替代产品在原市场经济的情况下实际上在扮演一个至关重要的角色，那就是类比角色。比如作为企业方，我们正在准备淘汰一款产品，那么替代品的出现必定是高富帅形象以此来衬托原品牌的屌丝气质，消费者会自行判断性价比，这样替代品的市场就会被塑造起来。而有时候作为一种营销策略，替代品实际上在扮演一个托儿的身份，实际上是在巩固并加大原市场的冲击力。比如目前流行的网络阅读或者App，传统的报纸是可以App化的，通常一份报纸的年订阅费用假设是140元，而App的销售价格是36元，如果两者同时订购价格是150元。实际上报纸是原有市场，App是新市场，而报纸+App是替代市场，它的出现就是为了扩大原有的市场。

婚恋中，这种替代品一般被称之为备胎。但是这种备胎有时候并不是聪明的，相反可能反被聪明误，因为到最后这样的爱，实际上不是等值的，而是建立在一方对另一方爱情的时间和信任的一种无休止的消费和开空头支票上。

替代品是一种营销策略，利用消费者原有的思维模式制造一种新的价格刺激。但核心要素不能脱离原有市场消费者的偏好，在用途上基本等同于原产品。

消费者的购买周期

一包烟到下一包烟的距离

烟，并不是好东西，却可以成为我们的一种借口，比如对于我们从事广告创意行业的人群，我们可以称之为是创意的源泉，尤其是加班时吞云吐雾觉得是一种很潇洒的状态，而实际上这是一种变相的加速自杀行为。

所以，每一包烟上都会写着：吸烟有害健康。尽管我们深知这句话，但是我们却依然不计前嫌的去拥有它。如今国家也开始主张慢慢地禁烟，不允许在公共场所吸烟，一些影视剧比如《风声》也因为大量的吸烟镜头而被批，那么为什么我们还要拿烟来说事呢？

文艺一点我们会说，吸的是烟，吐出来的是寂寞。科学一点会说，吸的是烟，消耗的是生命。但是为什么多数人是不能够戒掉烟的？这就源于一种上瘾的感觉。上瘾是一种可怕的状态，这种状态会让一个正常人变的不理智，不理智时就会发生很多不可思议的事情。套在营销领域，这就会是一次疯狂的冲动型营销。今天，我们就来讨论一包烟与下一包烟的距离是多远。

我的好朋友张小蛋戒烟了！这对于我来说是一个惊人的消息。从我认识张小蛋到现在，他有7年的吸烟史，是一个绝对的烟民，他闭着眼睛就可以分辨出至少40种烟草的味道，当然前提是10～50元一包的烟居多时。他的吸烟高峰期时是一天两包，而现在他已经彻底戒烟了。也因此我现在更有理由相信，那些戒不掉烟的人都是在找借口，他们只是不想放弃掉一种自我迷失的感觉而已。

我曾经听过一个很感人的故事，有一个男人很爱吸烟，他的老婆从来不管。一次聚会时有人问他老婆为什么不管，他老婆说了一句话，后来他就戒烟了。他老婆说："不让他吸烟可以让他多活几年，但是他不快乐又有什么意义呢？"而张小蛋跟我说的是："哥们，我要当爹了。"我觉得这句话的分量真重，可以抵掉那些戒烟广告上百倍。然后，张小蛋的下一包烟就此再也不见了。

长时间吸烟的人身体会有一个尼古丁指标，一旦低于这个指标时身体就出现一种莫名的感觉，当然心理成分更多一些，身体里尼古丁的含量是诱导你下一根点起的绝对因素。而品牌营销的过程实际上就是一种隐性尼古丁的吸收过程，一旦在消费者内心形成一种尼古丁指标，就构成了消费购买周期的一个推进过程。我们不妨称之为尼古丁效应。

现在这种尼古丁效应越来越被商家所重视，而且他们开始通过各种营销广告手段去缩短这个周期，比如牙膏的口径被增加了1厘米、益达告诉你饭后嚼两粒、方便面的五连包会赠送你一个10天以内消费的优惠券。

实际上影响消费者购买周期的两大因素是：记忆提醒和习惯培养。记忆提醒通常采用的手段有广告的轰炸和优惠券的使用。广告轰炸是一种强制性的观看，比如目前视频网站的一些强制性观看的贴片广告，想要了解视频的内容你就躲不过广告的轰炸，因为广告是视频网站的一个收入来源。而优惠券的使用实则是一种促销，是一种你不使用就觉得吃亏的误导。习惯培养则是一种深层次的误导，多年前我们习惯喝茶，而如今隔三差五会喝杯咖啡，是时代变化了还是我们被商家洗脑了？

回头看看我们如今形成的一些品牌喜好，尤其是快消品的，有哪一样不是我们心甘情愿造成的？因为我们习惯了这种时代带给我们的便捷方式，也因此就陷入了商家利用的陷阱里，没有人天生喜欢吃方便面、快餐，但是我们不得不去适应，在适应中我们就不自觉地把我们的习惯形成了一种周期性的习惯。

品牌营销的过程实际上就是一种隐性尼古丁的吸收过程，一旦在消费者内心形成尼古丁指标，就构成了消费购买周期的一个推进过程，即尼古丁效应，而影响这个周期效应的两大因素是记忆提醒与习惯培养。

眉毛胡子一把抓的后果

微时代已经悄然地融入我们的生活中，这一点从地铁站公交站盯着手机傻笑的一族就已经看得出来，微博营销、微电影营销等等这类快餐式营销已经充斥在整个互联网，但某一种营销模式的流行并不是适合所有企业的，企业一旦陷入一场迷局式的追风必然会让自己永远处在流行的尾巴，因为潮流时尚不是用来追的而是用来塑造的。

如果你成为了一个潮流的缔造者，那么你永远都会站在潮流的前沿被围观。这个时代需要的是一个钟表缔造者，而不是需要一个具有超能力的时间报幕人。营销的领域里，当某一种模式大热的时候，有些东西就会开始变得冷清，但是谁又能否定复古其实也是一种时尚呢？

当消费者的时间被如今各种社交性的网络所分解，我们就不得不陷入一种更碎片化的吸引里，这是商家的出路，其必须和消费者站在统一的战线里。如今站在微时代尽管新浪微博一家独大，但是我们不得不承认热门榜单已经被营销大号所充斥，他们每天用着各种定时软件剽窃着段子原创作者的小创意，当习惯成了一种悲哀以后，我们就开始失去了对微博的注意力。其实有些营销模式虽不华丽却一样可以塑造奇迹，塑造经典。我们以为这种营销模式消失了，但是它却会时不时地给我们一个惊奇！于是2009年百度贴吧一个神贴“贾君鹏，你妈妈叫你回家吃饭”成了论坛式营销的复活夜，2010年国庆节的小长假小月月成了我们谈资的全部，还有混搭范十足的犀利哥，600年内无人超越的凤姐、天仙妹妹、九寨沟小萝莉等等。当然我们只看到了这些论坛事件的华丽，却无法洞晓它们的共性，但是我们不能否认这些热门事件一瞬间便抓住了消费者的五官。

以论坛营销为例，我们来看一下如何迅速地抓住消费者的五官：

a. 标题

一个标题价值百万，这一点毫不夸张，天涯走红犀利哥、小月月所带来的商业价值不止100万，而在其商业价值没有被挖掘出来以前，呈献给网民大众的就只不过是一个帖子的标题，而当这个标题被上千万的人点击以后就产生了价值。好的论坛营销自然是从一个能够让人点开的标题开始。当然标题党是另一码事，点开和把人留住是两码事，小月月的神贴两者都做到了。

b. 图片

大部分走红帖子离不开图文并茂，天仙妹妹如此，芙蓉姐姐如此，凡客体也如此。高手出民间，英雄出少年，“文采帝”、“ps帝”、“逻辑帝”、“真理帝”、“八卦帝”、“真相帝”的参与让整个事件走上风口浪尖。当然，如今微时代更是可以将一张图片推向转发最高榜，但是依然不如论坛来得有血有肉，有开始有序幕还有花絮。

c.爆点

没有爆点的帖子都是狗咬人，有爆点的帖子才是人咬狗。于是小月月成为极品中的极品，而大多数企业在论坛营销的过程中却找不到一个爆点，而只是单纯地将广告信息一股脑的倾倒给搜索引擎。人是一种神奇的动物，如果你的营销点没有调触到他的某根神经，就成了网海中的一抹灰。

d.讲故事

每一个产品背后都有一个不可告人的密码，所以好奇才会害死猫。在百度推出“贾君鹏回家吃饭”，网易推出“美女收废品”，淘宝推出“三十个夜晚换宝马一周使用权”，新浪微博名人团团转猫扑三俗挡不住的潮流下，天涯就开始讲故事了，好吧！一个故事成就了“拜月传奇”。为什么就那么一个普普通通的天涯帖子标题，第一天就获得了首页推荐呢？你不好奇吗？

e.设局

婚姻是最大的迷局，这一点上自从有了小三小四的介入就更加的迷离了，尽管婚姻是爱情的坟墓，但是小三小四总是不遗余力的盗墓。一个原本的韩式剧情愣是被整成了中国式谍战，美国式的“越欲”。看点来了，围观的受众多了，广告效应立马就起来了。天空飞过一只鸟不惊奇，但是100个人突然望着天空发呆就立马有劲了。这就是一个局，不明真相的围观的人越多，导火索就越容易被点燃，于是越离奇越不靠谱的事情就越有嚼头了。

f. 创意

既然是营销，必然要谈及产品广告的植入，还要合理而微妙地植入，让受众有一种看剧集猜结局的紧迫感，于是“高楼抢沙发××楼送奖品”的模式流行了一段时间。老这样营销诞生了一批专业抢奖专业户，不但商家达不到营销目的，反而主受众最后谁家的广告都不记得了，但是一旦里面糅合了小创意，就让网友惊奇了！神马“凡客体”“将爱体”“眼睛渴了体”瞬间让各种帝满血满状态原地复活了。

g. 互动

七大姑八大姨来了，隔壁老王、小明、贾君鹏的爷爷奶奶各种剪不断理还乱的感情纠结来了，不在3p、4p终于向着http发展了。雪球就喜欢越滚越大，羊群效应马太效应各种蝴蝶效应终于可以瞬间在论坛爆棚了，一片惊心设置的多米诺骨牌就此展开了。水军的作用除了灌水以外还是可以撒点农夫山泉的，这样一场惊心动魄的营销事件才能承接四两拨千斤的重任。

h. 诱媒

爆料推动，然后勾引，最后皆大欢喜。这并不是腐女卖萌的专利，也是营销的小技巧。谁都想一毛不拔即弄得满城尽是黄金甲，谁都想一石激起千层浪，峰回路转再遇一场柳暗花明，但是媒体绝对不是盖的，想要得到他们的青睐，必然要有一把刷子能揽个瓷器活。但是对于媒体来说，社会性事件、公益性事件、情感励志各种有益于媒体收获利益的事件必然是会诱导媒体参与的。赢一定要是多方面的，才能推动各种群体的参与，所以论坛事件发展成一起社会性事件，必然要考虑针对媒体的胃口，只有舍得一碗燕窝羹才能收回一场满汉全席。

论坛营销更像是一场电视剧，要有好的创意去设局，然后解谜大结局，等到置身其中的人恍然大悟才明白步步惊心，已然发现在这一场游戏里，每个人都是棋子，只是有的人是马，有的人是车，有的人是卒，只有背后收获利益的才是将和帅。好的创意大家会惊叹而封其为经典，而一旦被戳穿就成了天涯江湖上一块笑料。

套用张爱玲说的一句话，也许每一个企业全都有过这样的两个论坛营销，至少两个。发了广告帖，久而久之，广告帖变了版主回收站里的一抹灰，创意帖还是“会挽雕弓如满月，西北望，射天狼”；发了创意帖，没互动没诱导也就成了板块一个孤儿帖，广告帖却成了搜索引擎首页的座上客。

可见，无论消费者与企业品牌是否有缘，能否抓住消费者的五官，他们都会经历眼看、鼻闻、耳听、嘴说，这是必经之路。

某一种营销模式的流行并不适合所有企业，一旦陷入一场迷局式的追风必然会让自己永远处在流行的尾巴上。要知道在营销的领域里，当某一种模式大热的时候，有些东西就开始变得冷清，而谁又能否定复古其实也是一种时尚呢？

眼看

若心动，一眼万年

阿难对佛祖说：我喜欢上了一女子。

佛祖问阿难：你有多喜欢这女子？

阿难说：我愿化身石桥，受那五百年风吹，五百年日晒，五百年雨淋，只求她从桥上经过。

会有多喜欢才能如此疯狂？这样的疯狂念头，我们每一个人可能都曾经有过。在我们青涩的时代，我的好朋友葛二毛早一些年在初中写过一些厚颜无耻的情书，发誓可以为一个人做任何事情。接下来高中时代，开始偷偷地吻人家小姑娘的额头，对天发誓这一辈子只爱她一个人，然后高中毕业时这一句话开始同时对 N 个女生讲过，随后开始后悔喝酒真的误事，当然更后悔的一件事是他喝醉了告诉我他以往的情感经历。

知道这个事情的时候，我隐约觉得眼睛疼痛，没错，我看走了眼看错了人，我以为葛二毛是一个好少年，但原来每个光鲜的外表下都隐藏了一段不为人知的秘密，原来现在葛二毛不再接近女生的最主要原因就是：初恋成伤。

人这一生真是“男怕入错行，女怕嫁错郎”，而做营销最怕创意一场惨淡收场。所以每一个品牌在推向市场前要明白一个深刻的道理：我们传递的品牌文化、品牌精神、产品属性、产品卖点等等，千万不能让消费者第一眼就看走了眼，一旦走眼，覆水难收。

广告入消费者的法眼，一定要精准，表述绝对要清晰，无论是10～15秒的TVC广告还是长到30分钟的微电影，无论是一张公交站牌户外平面广告还是微博上一条段子配图片，无论是LED大展示还是一张宣传单街头散发，传递的核心卖点一定要准确到位不含糊。消费者一旦走眼则不仅仅是广告费用的浪费，更是一种心智资源的浪费，前者浪费的是市场费，后者浪费的是市场，前者大不了将功补过而后者基本上就等着坐吃山空吧！

广告渠道可以逐步增加或以小博大，广告的内容却一定要简练而精准，千万不要试图在10秒的广告里或者一张平面广告里告诉消费者太多的信息，这样的结果就好比竹篮打水，竹篮上水滴沾了很多，但是实际上却没有一点意义。通常的广告大多数还是要靠消费者去看，看是一个基本的动作，在这个动作范围内，眼球接受的信息转化成脑子里残留的信息，这是一个广告的接受流程。画面感表达的信息越少，脑子的复杂交叉信息就越多，但能够存活下来的信息就越多，到最后可能什么都记不住。

举一个例子，我们站在大马路上，在一个广告站牌的下一个路口，你问十几个刚刚经过广告牌的人刚才广告牌子上的是什么，有几个人能记住？即使我们用物质刺激，比如说中了广告的内容奖励100 块钱，调研的受众都开始拼命地拼凑脑海里的一些碎片记忆，调研结果仍旧很惨淡。我们换一种方式，展示一个复杂的广告，包含的信息大而全，但是我们会提前告诉受众，表述完全会有 100 元的奖励，但是前提是依然以原有的速度经过这个广告牌。有了物质刺激后，调查结果突然明朗了一些。我们再换一种方式，广告展示得很明确，只依据核心的卖点配合产品图片，只一句话。我们通过同样的物质刺激的方式来进行调研，结果是所有参与的人全部可以记得广告词与画面展示的产品。

当然这里面有一个前提是给钱看广告，这样的事情大多数人还是愿意参与的。那么如果去除掉这个物质刺激，广告是否依然有效呢？或者说我们是否可以换一种刺激方式，让受众注意到我们的广告呢？比如说我们试着把广告做成互动性质的广告，广告的核心是与受众最接地气的，接地气的广告不意味着要跑题，而是意味着这个广告传递的核心跑进了消费者的生活里、视线里。

你看，广告不在于输出的观点有多少，而在于消费者记住的有多少。

每一个品牌在推向市场前都要明白一个深刻的道理：我们传递的品牌文化、品牌精神、产品属性、产品卖点等等，千万不能让消费者第一眼就看走了眼，一旦走眼，覆水难收。

鼻闻

闻香识女人

所谓气味相投，才能构建二人世界，而香水就是构架两人世界的一个传奇信物。真正的营销大战里，企业品牌更是需要这种与消费者相投的气味，这种气味不仅仅可以用来拉近与消费者之间的距离，更是可以构架消费者对这种气味与之前记忆的一个绑定，从而产生对企业产品的一种购买欲。

气味营销是指以特定气味吸引消费者关注、记忆、认同以及最终形成消费的一种营销方式，是对消费者味觉、嗅觉的刺激，有别于传统视觉刺激。因此说气味是一种强有力的销售工具，它是潜移默化地激活消费者购买欲的神秘武器。

气味决定购买，这听上去确实有点不可思议，但是事实却胜于雄辩，因为有些时候嗅觉带给一个人的一系列改变确实是非同寻常的。普鲁斯特就因为一块柠檬玛德莲蛋糕忆起了幼年的往事，写了洋洋洒洒三大部《追忆似水年华》；我们也会因为街边传来诱人的烤鸭味道而内心浮想联翩，冲进烤鸭店来一只新出炉的烤鸭，一闻到香扑扑的奶香味面包我们就突然发觉肚子里好像是缺点什么。

曾经有人做过有意思的气味实验，在一个大型的超市里植入一种让人舒心缓解疲劳的香味，居然可以让消费者的逗留时间加长，并以此增加了超市的收入。调查结果表明，在香味环境里人们的购物欲望比没有香味的环境要高出 75%，这是一个多么不可思议的数据。一个运动鞋厂商也有过类似的经历，同样一双运动鞋，人们愿意为带有清新气味的那双多付 10 块钱，因为这会让人觉得这双鞋更干净、价值更高，更能给人带来一种愉悦感。

事实上，人们对气味的敏感程度仅仅次于视觉，排在听觉之前。尤其是在大量视觉广告冲击疲劳的时刻，嗅觉广告带来的全新感知更让消费者觉得有趣。英国牛津大学的研究显示嗅觉记忆比视觉记忆要可靠得多，人们回想一年前的气味准确度为 65%，然而回忆 3 个月前看过的照片准确度仅为 50%。好闻的气味常与人们的某种美好的记忆联系在一起，就像你遇见你的爱情的那一天，你喜欢对方是因为一种你看不见的气息，你觉得这种气息对于你来说是轻松的愉悦的，而在同样轻松愉悦的环境下购物，成交的概率也会高一些。

在商业上气味的运用最常见于食品行业，比如街边的面包店、烤鸭店、蛋糕店，他们可能并不精于这种气味营销，但是他们的产品确实在利用气味影响我们的购买倾向。我们躲在满是奶油味的面包店、有着青草味道的咖啡馆、淡淡薄荷香的小书店，其实就已经陷入了一场以气味为工具的潜意识消费状态里。

其实通常在很多的店面里都是可以采用这种气味营销的，只要这种气味是有助于消费者停留的气味，那么他购买的概率就会提升，愉悦的心情下人们更容易产生购买行为。在外国有一个咖啡品牌就采用了这种气味营销，通过公车的广播广告触发一个预设装置，当这个品牌咖啡的广告在公车上播放的时候，躲在某一个角落的装备就会散发出这种品牌咖啡的味道，这种体验式的味觉广告比干巴巴的听觉广告有意思多了。如果是一个城市首次尝试这种气味营销，那么其话题性必然会带给品牌一个有意思的推广。

关于气味的商业神奇还在继续，无论是属于怎样的营销模式，把广告推送到消费者的鼻子前，确实都是一次美妙的体验，一次美妙的尝试。

人们对气味的敏感程度仅仅次于视觉，排在听觉之前。尤其是在大量视觉广告冲击疲劳的时刻，嗅觉广告带来的全新感知更让消费者觉得有趣。

耳听

小道消息传播的速度最快

2011年，“盐慌”这个词成为一个里程碑式的字眼，它让“给力”“我勒个去”黯然失色。无论是微博上还是论坛上或是新闻上，这个词的传播速度都不亚于2003年的“非典”，也是这个词让人们的生活必需品“食盐”荣登该月最佳畅销食品榜。

当在搜索引擎上看着一个一个城市的名字和“盐慌”这个词挂钩，作为一个营销人员，我们再次见证了一个销售奇迹，同时排在这个奇迹榜单上的名字还有“大蒜”“绿豆”“生姜”，以及2003年一种叫做“板蓝根”的药材。为什么人们生活的必需品渐渐的都在走国际路线，向奢侈品靠拢呢？究竟是以讹传讹的谎言在促进，还是政府的公信力越来越受到质疑了？

我们都很明白一个道理，谣言止于智者，这个智者是怎么诞生的？是所谓的“砖”家呢，还是相关部门？作为一个营销案例来分析，我们都会感慨于它的经典，这是病毒营销的最佳展示，而且直接与利益挂钩。为什么我们越来越担心砖家辟谣，砖家说不地震立马就震了，砖家说物价不会上涨，蹭蹭的上涨就跟打了鸡血似的。

从狂放鞭炮到喝绿豆汤，从抢购板蓝根到席卷超市；从北京到内蒙古，从河北到陕西，从广东到河南，从天津到宁夏，迷信盲从风靡一时，抢购大潮横扫南北。这究竟是一种怎样的魔力，让区区一元一袋的食盐成了人们追捧的香饽饽？究竟是谁推动了这个谎言病毒式传播呢？

在非典时期许多人都做了不少过后连自己也觉得可笑的事情。于是，就有了“买东西买成杂货铺”，“抢盐抢成小盐商”的笑话。还有一些商贩原以为奇货可居，到后来却落了个连忍痛割肉都割不出去的悲剧结局。

为什么今天这种“笑话”还在上演呢？食盐作为调料，一袋500克足以吃上个把月，为什么开始囤积？纵观所有的营销案例，又有哪一种商品产生了这种地震式的颠覆，让人们疯狂追捧，而这一场“闹剧”式的传播中，我们又学到了什么呢？

想想那时的互联网新闻、帖子或者微博段子，辟谣的信息铺天盖地，这样有意义吗？还不如抓紧时间，多往大超市运送点食盐。这又是一次国家性的危机公关，难道政府的相关人员还躲在办公室忙着拉媒体写软文辟谣吗？

在“盐慌”的整个流程中，抛开所有的时事评论，单从营销角度看，我们不难看出5个营销点和营销策略。这是企业值得思索的一种营销模式。回头想想2008年地震，借势的王老吉就达到了品牌人气的双提升，而如今的“盐慌”到底是怎么渐成疯狂的，这就是来源于耳朵的功劳，因为大多数人都听信了谣言。

a. 是谁制造了“食盐含碘”防止核辐射的谎言

食盐的疯狂销售其实源于一个低劣的概念炒作。受日本核电站泄漏事故影响，致使我国多地出现食盐抢购潮。有消息称食用碘盐可以防核辐射，亦有人担心日本核事故把海水弄脏而没盐吃。于是这个貌似很靠谱的概念就在我们不甚了解核辐射，看到这个字眼就色变的基础上被以讹传讹了。

b. 是谁传播了这个闹剧式的笑话

当最初的一部分种子用户将“食盐含碘”防核辐射的信息散布出去后，开始有一部分人群产生了潜在的恐慌，这个很貌似蒙牛伊利的公关战。担心健康的这部分人群开始在小范围内传播，让更多不明真相的朋友亲人开始围观，一个耳朵接着一个耳朵地沦陷。

c. 是谁抓住了人们的心理

健康是人们普遍关心的问题，而食盐作为生活必需品，它的产品属性更增加了人们产生恐慌的价码，因为食盐不像汽车房子之类的忍忍还可以凑合。于是第一波人群传递信息后，在最可信任的人群中产生了二次传播。而真正理性的人群基本上持观望态度，在跟风从众的人群加入到整个传播流程中，一部分理智的人群产生动荡后，发现食盐已经空架，于是造成了全国范围内的最佳扩散。

d. 病毒式传播源于最近的人

真正可信任的传播是在 6 度理论内分层传递的，因为这样才能产生核聚变式的巨大爆发力。而正是这种“食盐含碘防核辐射”

带有有关健康性的概念，促进了整个传播的产业链。

e. 缺货是二期传播的最佳宣传点

如果只是疯抢，未必达到恐慌的地步。因为很多的促销活动都会产生疯抢的状态，促销的本身就是为了吸引这么一部分人群，进而对其他的产品产生销售。而“食盐”却在某些利欲熏心的销售商提价后还被疯抢，这就违背了正常的市场营销原则。

能够产生这种反向销售的主要原因在于最初概念的包装，还有断货让理性人群产生的恐慌。断货直接开始影响了大部分的理性观望者，因为断货已经直接开始破坏理性者的正常生活秩序了。

让病毒营销渐呈疯狂的是耳朵，因为大多数人都听信了谣言。而能够产生这种反向销售的主要原因在于最初概念的包装，还有断货让理性人群产生的恐慌。

嘴说

茶余饭后都爱聊点什么

喝点茶，解人生烦腻，吐个槽，知天下八卦。如果一袋瓜子能外加 3 个女人，我们就有理由相信这就是一个风暴眼，而且依据蝴蝶效应的规则，不会过多久即将影响美国的大选倾向。你看，八卦的力量果然极具东方特色，糅合阴阳对应五行，杀伤力 5 颗星。

通常的茶余饭后我们会聊点什么呢？我们应该聊点什么呢？这与品牌营销又有什么关联呢？有的人喜欢聊房价走势股票回升，有的人喜欢聊土星是否有生命火星是否适合人类居住，有的人喜欢聊儿童保健母婴资讯。这就是圈子，以喜好和人际关系为基准的圈子，通常这样的圈子里会有一个固定的娱乐项目和经常被提及的话题，这是以嘴为前提的社交。

这样的圈子里有自然的意见领袖，通常他的意见会左右大家的选择，他就是话题的开场白和口碑的中转站。我们因为在这个社会的大圈子所扮演的身份不同，成了不同圈子里不同身份的一分子，也因为不同圈子的氛围而衍生了各种不同的话题。酒场社交、同学社交、同事社交、商务社交等等，因为每一个人的生活习惯的不同，于是我们就在圈子里面接受各种不同的生活推荐，同样，圈子也是毁三观的地方。

比如“喝咖啡小资指南”：①香菜少放辣椒面胡椒面少放；②最好配以腐乳、韭花酱辅料；③有条件者可配两个碳烤，火要大料要足；④最好再整5串羊宝两串五花肉；⑤再加一盘花生和毛豆，小咸菜一定要那种陈年的才够味。

比如我混进了一个玩摇滚的圈子，我发现我是一个RAP歌手：药，药，切开闹。动词打词形容词，动词打词拟声词。药，药，切开闹。动词打词名词副词，动词打词代词数词。药，药，切开闹。动词代词，打词量词。药，药，介词打词，动词助词，切开闹。药，药，动词实词，打词虚词，叹词，哎！！！哗啦啦，切开闹！！！

比如假期，我们会和驴友们一起，每天3包泡面4根火腿肠俩鸡蛋，四块八毛钱宽带费用键盘鼠标周游了中国免签的200多个国家，顺道还听了最炫民族风自由飞翔荷塘月色，见过了大山大水，有了高山一样的胸怀，真心觉得活在中国，我骄傲！你会感谢这片神奇的土地培养了你探险家一样的气质。

这样的人生，这样的圈子，你觉得适合做一首小诗：五仁月饼剥了皮／蘸点小葱拌豆腐／混着七两二锅头／打开MP3点一首轻爵士／不咸不淡说声／我爱你／月光很好／加个烧烤／随手翻开电话簿／找一个L打头的姑娘／舌尖上私奔／别说你没准备好北上的车

票 / 就这一秒。

就是在你觉得这样最不靠谱的社交人群里，品牌口碑转化率却异常的高，大家可能会同时被掌门驴的气质惊呆而选择了某一户外用品，可能因为某一个人的力荐而打今儿起放弃咖啡饭后来一杯龙井，可能会因为某一首歌而瞬间喜欢上某某某代言的某某某产品。圈子就是这么神奇，因为我们大伙都坚信，再牛 B 的岁月都比不过和哥们一起傻 B 的日子。

所以当有一天参加自己的婚礼，酒过三巡菜过五味，喝到阳春三月不识肉滋味的时候，才发现我是王二虎的球友，于夏的同桌，丁哲的情敌，赵晓晓的前男友，刘闵的蓝颜，徐宝强的表哥，郭四爷的同事，张博的同学，这些年吵过架斗过嘴，谈过爱亲过嘴，一路跌跌荡荡，最后谁拿我的青春加了俩蛋煲了一锅蛋花汤？少盐少醋少葱，香菜不要。

这就是圈子，到最后你连你自己到底是什么身份都会忘记，但是在圈子里你不会忘记快乐，哪怕是接受了你讨厌的广告，因为在圈子里隐藏的营销都是看不见的，慢慢渗透的。

以喜好和人际关系为基准的圈子，通常会有一个固定的娱乐项目和经常被提及的话题，这是以嘴为前提的社交。在这里，品牌的口碑转化率异常高，你不会忘记快乐，哪怕是接受了你讨厌的广告，因为圈子里隐藏的营销都是看不见的，它在慢慢渗透。

04

有没有巨人的肩膀让你站？

•有没有历史可以借鉴•

每一个品牌也都是需要这样一个媒婆来构建与消费者之间的桥梁。实际上消费者站在货架前货比三家的时候就是一个相亲的过程，这个过程看似简单却慢慢地变成一种消费习惯，久而久之就在消费者的内心产生了排他性。

人就是受不了这一点小诱惑。人生本就如此，贪恋红尘吃成胖子便成了断翅膀的天使。

找关系

总有一个人，可以让你少奋斗20年

一个人的影响力不在于一个人的能力到底有多大，而是以他为圆心他的朋友为半径的影响力。如果我们假设一个问题，给你20分钟，你可以打任何的电话，你最多可以借到多少钱？这就是你的人品值，这就是你的影响力。

我们一生中朋友可能不需要太多，有两个足矣：一个是肯借钱给你，另一个是在朋友让你还钱的时候打死他。所以我们可以毫不夸张地说，21世纪什么最贵？关系！好的关系节省的资源是不可预估的，而没有好的关系所产生的负面情绪与障碍也是不可预估的，而有没有好的关系对于同一个事情来说，所输出的结果将是天壤之别。

通常我们做品牌营销，利用的就是各种关系，如今的时代可以说有朋友走遍天下，无朋友寸步难行。关系越来越成为人与人之间维系某一种价值链的桥梁，我们不谈这个时代是否是所谓的“拼爹”的时代，但是我们不得不琢磨着是否真的是达则兼济天下，穷则独善其身。达则兼济别墅，穷则没钱没房。达则兼济二奶，穷则没钱养家。达则兼济学姐，穷则学妹不爱。达则名表满身，穷则屌丝一枚。达则下意识无罪，穷则“啪啪”挨6枪。达则兼济九天揽月，穷则独善五洋装腔。

以社交媒体营销为例，我们实际上在消耗6度人脉关系的影响力。火车跑得快全靠车头带，一条微博发布后能够产生影响力，关键在于第一波转发人群的影响力。这个前提是建立在微博的内容已经有足够吸引力，否则一切将是一场虚无的狂欢。

我的朋友有一个农民大叔朋友，散养了近2000只农粮鸡，因为大雪缘故导致饲养难度增加，同时鸡养了近8个月消耗的粮食成本逐步上升，因而急迫需要将2000只鸡出售。此时面临的难题是如何用最快的速度把这件事宣传出去，一只一只地卖显然太不现实，而且因为承诺送货上门，这样搞不好会将所有的鸡当成油费消耗掉，所以我们迫切需要一个合理而大量的购买渠道。

此次营销是没有任何费用的，显而易见，我们不能让农民大叔出这一部分广告费，所以我们就要出奇制胜，利用6度人脉关系玩一出网络狂欢。所以我们选择了以微博作为出发点，我们要策划一个有意思的故事。我们让故事去帮我们卖鸡，而且这个故事必然是媒体喜欢的故事，因为我们很了解媒体的口味，如果实在诱导不了媒体，那么我们就只能厚着脸皮找媒体圈的朋友，俗话不是说朋友就是被利用的嘛，何况这还是一次公益行动。

为了让整个事件更明确，广告植入更直接而巧妙，通过农民大叔邮件要求做海报，我们为此做了一系列海报对比，从小清新文艺到乡土气息十足，一次次不停地改稿，契合当下设计师苦逼的经历为共鸣点，我们将整个沟通制作的过程做成了一张有意思的图片，利用巨大的心理落差来构成整个图片的笑点，以此达到我们宣传的目的。

海报我们选择用实名账号去发布，一经发布，我们便利用自己的微博号去 @ 当地媒体的一些号和一些活跃的当地网友，第一波小高潮就这样来临了。通过和网友不停的互动，农民大叔的手机就开始响了起来。意外的是，不在我们计划范围内的当地政府在当天下午跟进了这个事件，让我们准备第二天诱导媒体的计划足足提前了近半天，而且省下了我们的时间。原本我们规划的几期推广计划也因为媒体、政府的介入而让整个事件明朗而简单了起来。当这种递进式关系开始层层推进，整个微博卖鸡事件就变得更欢乐了。

而实际上，我们初计划准备以煽情路线为主，想主打农民煽情牌以此加深网友对散养鸡的关注度，但当我们深思目前市场上两部电影《一九四二》和《泰囧》的票房差距后，便毅然决然地选择了搞笑路线，而实践证明这一张搞笑海报确实成功了。

社交媒体营销实际上是在消耗 6 度人脉关系的影响力。一条微博发布后产生影响力的关键在于第一波转发人群的影响力。当然，这个前提建立在微博的内容已经有足够的吸引力，否则一切将是一场虚无的狂欢。

企业版非诚勿扰：媒婆成就好姻缘

中国目前的娱乐节目里有两种是最火的：转椅子的和灭灯的。当有一天你打开电视，轮番只看到这两种节目的时候，千万不要怀疑你们家的遥控器坏了，在这样一个山寨横行的时代里，这只不过是一种流行的趋势而已，仅此而已，不过说白一点，这些行为不只是相亲，相亲的背后是巨大的商业价值，这些行为也不只是唱歌，唱歌的背后也是一连串的商业价值。

所以对于企业来说，每一个品牌也都是需要这样一个媒婆来构建与消费者之间的桥梁。实际上消费者站在货架前货比三家的时候就是一个相亲的过程，这个过程看似简单却慢慢地变成一种消费习惯，久而久之就在消费者的内心产生了排他性。

想要进入消费者的内心，必然要搭建一座更易通行的桥梁。我们要用产品去诉求：我想牵你的手，从心动，到古稀。拜托你，千万别灭灯，我的椅子马上为你转过来！

在微博上，某洗衣粉品牌就玩了一出“段子大赛”，在这个内容为王的时代，这显然是一个很不错的小尝试，利用网友参加比赛以此产生大量内容，从大量的内容中再找出优秀的内容，一来烘托比赛气氛，二来满足了广告需求，让网友自己去发现产品的亮点。而整个段子大赛的过程中，该洗衣粉品牌的名称则是段子里面必须包含的一个关键词，于是经过网友创造加工的段子包含了该品牌的另类解读，平添了几分乐趣的同时，也让广告信息取之于网友用之于网友。而在这个流程中，段子就是一座桥梁，利用消费者之手构建的一座桥梁。

品牌营销需要有遇水架桥的先见之明，否则到了黄河就死心了。因而品牌营销如何找到一座好的桥梁至关重要。

我们先来看一个简单的话题：什么叫做电子商务。普通企业觉得触网就是电子商务，在网上卖东西。文艺企业觉得电子商务就是电脑前喝杯茶旺旺“滴滴滴”。而实际上电子商务是一种状态，企业短线与长线策略下的一种状态。他们初以为这种状态的展示模式是淘宝卖个货，京东卖个货，国美卖个家电，而实际上这种状态是淘宝卖好货，京东卖好货，国美卖好家电。为什么很多企业现在不计前嫌地杀入互联网？就是因为我们守了很多年的传统战场里的消费者，把时间费在了互联网上。本着顾客是上帝的原则，企业不得不开始电子商务。

既然网购市场已经被培育起来，本着商本逐利的原则，企业必须要分市场一杯羹。所以 B2C 的模式就应时而生，网络营销成了一场看不见硝烟的战争。以奶粉为例，2012 年国内网民的关注依然将大部分眼球贡献给了国外奶粉，这是因为品牌口碑和食品安全问题导致的，他们最普遍关心的问题依次为口碑评价、品牌、产品、产品安全、价格、品牌官网，其次是育儿知识、母婴保健、产品产地之类。那么究竟是什么原因导致他们关注点变化的呢？

通常企业认为电子商务是以网站或者网店为核心运作的，而实际上这些问题在消费者的内心挤不进前三甲，以为搭建了网站和网店就是进军电子商务，是构建了一个与消费者沟通的桥梁，而实际上网站和网店只算是安营扎寨，谈不上桥梁，真正的桥梁是敢于直击消费者的内心，是建立在口碑期、品牌期、产品期。

找到了源头我们就明白该怎样去构建桥梁了，那就是塑造口碑评价，这是与市场搭建的第一座桥梁，有了这座桥梁消费者就可以以最快的速度与企业产品建立信赖感。第二座桥梁就是品牌的影响力，大牌信赖程度高的原因就在于此，这意味着雄厚的实力。第三那就需要落实到产品了，好的产品一定是最合适的桥梁，也是关键。

品牌想要进入消费者的内心，必然要搭建一座更易通行的桥梁。塑造口碑评价，这是与市场搭建的第一座桥梁；第二是品牌的影响力；第三是需要落实到产品，好的产品一定是最合适的桥梁，也是关键。

B2C：商业帝国的生存法则

阿里巴巴的商业时代似乎正在消退，而淘宝的商业模式正在崛起。商家正在慢慢地侵蚀这一片肥沃的电子商务领域，商城也在利用一个个节日缔造一个个销售的神话。企业已经慢慢地发现，此时主战场正在发生变化，因为消费者已经将每天的碎片化时间奉献给了微博、微信、App 等与互联网息息相关的产业链。

如果企业在这个时候还没有考虑好是否要步入互联网时代，那么稍不留神移动时代又席卷而来，企业将会陷入一种两难的境界，到最后不得不被逼迫着慌慌张张地进入电子商务。陷入这种被逼迫进入的境地是一种鸡肋，那么如何避免这种鸡肋的进入呢？

在常识的印象里，B2C 的规则通常是以烧钱砸品牌为主，无论是快消、日化还是服饰，这貌似都是既定的 B2C 游戏规则，也是 B2C 的门槛。这种模式似乎足以吓倒一批即将进入 B2C 领域的企业，但是实际上有的企业侧面绕了一个回合也进入了这个游戏圈，却没有向市场缴纳昂贵的学费，这就是我们通常说的企业品牌跨界营销。

我们来测试一个简单的规则，1、3、7、8，它们之间的规律是什么？按照正常的数学规则应该是1、3、5、7，全部都是单数，单数测试题目为何突然从7到8呢？这其中的玄妙是什么？这意味着之前的数学理论规则可能被打破了。那么我们就从另一个角度出发来剖析这一组数字的规则。试试语文的角度，1、3、7、8，居然全部是一声，原来这就是规则，这就是来自于惯性思维下的一种小常识突破。

所以对于以B2C模式生存的商业帝国，我们必然要挖掘出来其最核心的本质规则，根据规则去建立企业自身的电商体系。那么接下来的3个问题就是必然的门槛：卖什么、卖给谁、怎么卖。

卖什么？这个问题看起来很傻。没有企业不知道自己在卖什么，但是你卖的东西确实走入了消费者的心坎吗？未必吧，否则我们就不会有各种纠结了。我们今天之所以纠结是因为我们不知道我们卖的东西是否是消费者的内心所求，因为这个世界上替代品的增多让消费者的可控选择变多，选择的变多就导致了迷茫区的出现。所以像是卖产品这种第一街区里的销售规则显然是不能打动消费者，因此我们必然要步入二级销售市场，销售更贴心的服务。这一点上海底捞作为火锅行业的代表，对服务有了全新的解读，它让一个原本没有服务、自己DIY的行业变得更人性化了，有多少人是被海底捞那种人类已经无法抵挡的服务享受折服了的。

卖给谁？其实我们都以为我们懂这个问题，可是到最后我们却未必能懂。买方市场与卖方市场的不停转化才会让这个问题变得明朗，站在买方市场上，他们是潜在受众，他们就都有权利享受我们的这类产品，无论是现在还是将来抑或者过去。买方市场的人是随着时代变迁而变化的。日本的一些企业就喜欢打长久战，明明主要受众群体是成年人，但是他们就喜欢培养儿童市场，这是一种文化侵袭，文化侵袭是最可怕的销售。中国之所以少有这样的企业，是因为中国的企业大多数以当前利益为主，以赚快钱为核心目的。站在卖方市场上，产品的核心功能实际上是针对一部分人来设定的，这一部分人为主要的购买群体，因此广告的输出必然是满足这一部分人的内心需求。所以卖给谁最终取决于企业品牌的短期战略和长期战略的结合。

怎么卖？这个问题是企业普遍所关心的。消费者生活的碎片化让产品的销售变得被动，不知道广告该如何设置、规划、投放。传统家庭里的一个晚上，电视开着爸爸看着，爷爷在看报纸，儿子在玩 iPad，妈妈玩自己的手机，小妹在玩着电脑，奶奶听着自己的收音机在厨房刷碗，于是企业一下子被这个时代弄迷茫了。当广告的渠道变得越来越多，反而让企业也产生了选择恐惧症。但是有一点我们很明确，没有人喜欢看广告，无论是老人孩子还是青年人，

对于以 B2C 模式生存的商业帝国，必然要挖掘出其最核心的本质规则，根据规则去建立企业自身的电商体系。如此接下来的 3 个问题就成为必然的门槛：卖什么、卖给谁、怎么卖。

但是他们都有自己关心的领域，而他们所关心的领域就是我们的广告阵地。所以企业需要有变色龙的气质，先把自己变成他们，做他们喜欢的，然后不妨加点软广告。

C2C：小卖家微时代的疯狂

如果没有淘宝，我们的电商时代会是什么样子的？那些囤积在仓库里的物品会以什么方式遇见我们的消费者？那些以电商为核心以淘宝为平台的创业人会去哪里？如今一起聊天，如果你没有一个像样的三五钻或者皇冠的淘宝店，你都不好意思跟人家开口。在几乎每个人都有副业的时代，淘宝俨然提供了一种最低成本的创业模式。

这是我们不曾意料的时代，但是这个时代确实发生了。回头想想我们周末的时间都用在了哪里？是不是不再记得上一次逛街是什么时间了？好吧，恭喜你，说明你已经陷入互联网的生态圈了。

淘宝初时代确实让一部分小卖家迅速突围，形成了一次强有力的爆发，但是随着淘宝规则的变化，小卖家又陷入了一种窘态，排名不见了，竞争又回到了烧钱时代。此时淘宝小卖家的出路到底在哪里？

淘宝小卖家的疯狂我们可以归结为当年宋江的思想，宋江除了招安还有没有别的出路呢？这是一个很现实而且有意思的问题。我们逐条分析一下宋江的出路：

a.招安。这套路经过历史证明是一条死路，曾经叱咤一时的梁山好汉最后支离破碎，结局甚是悲惨。造成这种结局实际上是宋江的战略思维导致的，至此一群草莽英雄沦落到这种下场实际上是注定的，宋江的一己想法终究害了梁山。他猜对了开始却没有猜中结局，其实结局是显而易见，他只是觉得会侥幸，想要依靠当朝掌权者这种想法本身就是可笑而不可理喻的，这种与虎谋皮的事情想想都觉得让人心跳加速。

b.起义。这是梁山最初的梦想，推翻统治阶级的腐朽和残暴。而实际上梁山想要推翻当朝就需要不停地扩张，只有不停地扩张才会更吸引各路英雄的加盟，加盟的人越多消耗的资源就越多，单凭劫持几个为富不仁的小富商显然是不能满足梁山日益增长的人为需求的。而实际上梁山与当朝者的几次对决成功是因为地利原因所成就的，就算宋江笃定要造反起义，但要不停地一个个城池打拼，一点点地消耗资源，这显然不是他们已做好准备的。所以到最后，起义的结局必然是被镇压。

c.占山为王。这种策略实际上是被动的，主要以巩固自己的实力为主。不巩固自己的实力，就经受不住一次次的战役，而当朝者当然是不允许这样的团体出现的，必然会旁敲侧击。这种情形下梁山想要巩固自己就需要不停地扩张，这种方式显然会加速演变到二期的起义，到最后基本上也是死路一条。

纵观淘宝小卖家最后的联合围攻实际上还是败下阵来，这就是结局，你不得不接受淘宝的规则。当淘宝假借一个“免费开店”的概念坐收千万用户的时候，就已经不再担心盈利问题，而小卖家的聚集必然会导致更恶劣的竞争，同时又必须遵守淘宝的规则，否则只能走人。此时的小卖家舍不得自己的阵地，只能委曲求全，这就是招安的结局。

当竞争变得不再理性的时候，淘宝就成了假货、山寨市场的代名词，很显然淘宝是不想背负这样的恶名的，因此新的领域必然会加速正规化的发展，于是天猫商城时代来临了，你不是担心淘宝假货多嘛，天猫给你最优质的保障，自此小卖家的淘宝生存之路就更纠结了。

小卖家想要生存就需要更具特色的营销出路，那么特色的创意该如何规划呢？我们不妨通过以下几点揣摩一下淘宝网民的口味。

a. 图片——图片狂欢带来的流量

卖时间、卖蚊子、卖爱情、卖马屁、卖笑话、卖一元钱、卖青岛天气，但凡你能想到的能卖的不能卖的，貌似都已经上架淘宝了，淘宝就是一个无奇不有的杂货铺。当切糕成为主流的时候，各种图片就会满天飞，这就是社会事件所带来的冲击。要善于抓住每一个社会焦点与产品属性的关联。

在淘宝上，一个卖家突发奇想让自己的外公代言女装，通过外公令人艳羡的身材吸引眼球，借此在“双十一”迎来了华丽丽的流量。一个老板娘声称设计师突然辞职自己挂帅出征 ps 图片，而毫无美感的图片却火爆微博为皮衣瞬间迎来各种流量，貌似成交量还不错。为什么？这个世界上有一种动作叫做好奇，它可以害死猫。

b. 文案——我是否该给消费者写封信

从来没有小众的人群，你以为它小众只是因为不甚了解这个群体而已。在淘宝上有一些店不设客服不接受咨询，但是文案做的超级有意思，消费者自助购买，卖家随机发货。这样的模式居然也会火，你觉得有天理吗？有的卖家一遇见差评就破口大骂，而且骂的字字珠玑字字有意思，有的人就只为求一骂而去购买，这就是风生水起的“求虐文化”，这个世界到底怎么了？

c. 微——小而美的突围

没有一个淘宝店是没有特色的，只是你还没有发现而已。我有一个好朋友卖 28 元一双的板鞋，谈不上时尚，销量一般。她很愁销量问题，就问我怎么能流量高一些，想说她是否还有必要继续这个鸡肋一样的店？我就告诉她，为什么不试着两双鞋一起卖呢？

一双鞋卖着都费劲，两双一起卖这不是自找死路吗？那我就告诉你：天底下还没有愁嫁的姑娘。包装，这个词很关键。鞋的关键作用就是穿着鞋走路，走到一起就是缘分，此刻两双鞋的情感概念就出来了。我们打算把鞋子卖给情侣和潜在情侣，当一个人拍下的时候，同时一封情书邮寄给了这个人想要表白的人，这里其实我们融入了一个“代表白”的概念。我们会告诉情书的接收者：在 ××× 淘宝店，有一双鞋子等着你，如果你也喜欢 ×××（此处为购鞋者姓名），那么为什么不试着走到一起呢？欢迎认领你的爱情。当认领成功后，我们会第一时间电话联系购鞋者。当所有人以为我们在卖鞋子的时候，其实我们在卖爱情。

所以，每一个淘宝店上辈子都是折翼的天使，至于如今你想让它变成什么样子，这一点，你说了算。

随着淘宝规则的变化，竞争又回到了烧钱的时代，小卖家想要生存就需要更具特色的营销出路。图片、文案、小而美的突围，我们不妨通过以上几点揣摩一下网民们的口味。

你的手机里藏了一个什么？

冒昧地问一个问题：你的手机设置密码了吗？你的手机里藏了一个什么？

一想到这个问题，其实可以令很多人后背发凉，精神高度紧张。那我们讨论一些令家庭关系不紧张的话题，翻开 10 个人的手机，你会看到什么？如果是智能手机，我相信 App 已经成为每个人手机里不可分割的一部分，在手机的后宫里，三千 App 已经是最真实的写照了。如果你不知道什么叫做“愤怒的小鸟”、“切水果”、“捕鱼达人”、“你画我猜”，那么你的手机世界将是多么的无聊和空洞！

苹果公司凭借 iPhone 这个载体推出了 App store，而就是这个 App store 正在无休止地浪费我们的青春，当然还有信用卡里的钱。很显然在 iPhone 之后，苹果公司又找到了一个赚钱的玄机，那就是 App。

现在讨论 App 是不是有种移动时代已经悄然来袭的感觉。没错，我们来不及拔脚就马不停蹄地陷入了移动时代，在这个时代，

App 就是敲门砖，所以很多企业已经开始布局 App 策略，那么接下来，我们分享一下哪些企业的 App 让消费者足以抓狂。

a. 星巴克的“闹钟”

还有比这种广告更“无耻”地渗透到我们生活中的应用吗？星巴克做到了，当你在自己设定的闹钟响起后，只需按提示点击起床按钮就可得到一颗星，如果能在一小时内走进任一星巴克店，就能买到一杯打折的咖啡……新的一天从看到星巴克大 Logo 开始了。

b. 可口可乐手机 App：CHOCK

如果能够玩转传统电视广告与线下用户互动，这显然是一件很刺激的事情，如果在这个刺激的事情背后还能拿到大奖，这简直爽爆了。可口可乐就玩了这样一出好戏，当广告画面中出现“可口可乐”瓶盖，手机出现震动的同时挥动手机去抓取电视画面中的瓶盖，每次最多可捕捉到 3 个，广告结束时，可以在手机 App 中揭晓奖品结果，且奖品都是重量级的，此如汽车。当你玩得很爽结束后，你才想起来，我不是讨厌广告吗？

c. 宜家手机 App：定制自己的家

你的家怎么布局你自己说了算，装爽了玩够了还能参与票选最喜欢的布局，最主要的是奖励。一看到“奖励”这个词就挪不开眼的亲，一看到“奖励”这个词心跳自动加速两个节拍的亲，你还在乎你陷入这种游戏的时候你已经被营销了吗？

d. 杜蕾斯手机 App：Durex Baby

杜蕾斯显然是社会化媒体营销的标兵，在这个微时代，杜蕾斯已经给我们塑造了太多的惊喜，而如今步入App时代，杜蕾斯显然觉得玩得不够HIGH，这一次要玩就要玩大你的手机。“搞大”你的手机生个Baby，这显然会吊起你的胃口，你敢不敢玩？这个“孩子”会无休止地折磨你，直到你疯了，让你变得很烦很烦……而每次当你关闭此程序时都会显示“用杜蕾斯”的提醒。

e.丰田ToyToyota亲子互动手机App：Backseat Driver

我们曾经在前一章提及过，日本的企业显然是最会玩“下一代营销”的企业，坐在后座的孩子手持iPhone就可与前座的父母一起开车了。只要开启手机GPS功能，小朋友（5～12岁）即可跟着实际车速感受道路的每一个转弯，每一趟旅途都会透过地图记录里程数，最后连上Twitter与朋友一起分享。你很难想象等小孩长大了仍然能回味起小时候和父母一起开车时的感受，最主要的是这种情感化的元素会诱导他们购买丰田车，这是多么“邪恶”的营销啊！

f.“宝宝拍拍”手机App

没错！如果此时翻开手机，你缺少了一个叫做“宝宝拍拍”的应用，你会发现有些瞬间你忘记了、有些瞬间你拍下却忘记了为什么拍。你会错过宝宝大多数的精彩瞬间，忘记如何寻找那些你拍下的瞬间，总之凌乱的相册是最佳的形容。宝宝什么时候出的产房？什么时候开始长乳牙？什么时候迈出第一个蹒跚的小步伐？什么时候自己拿着小汤匙捧着自己的小碗？什么时候咿呀地叫着爸爸妈妈？什么时候……作为父母，如果你想珍藏宝宝的每一个瞬间，那么就长点心下载一个宝宝拍拍吧！

如今有意思的 App 越来越多，而针对企业核心服务的却并没有形成一个体系，但是现有的这些企业 App 利用企业核心产品的属性为我们呈现的玄机，让消费者一下子记住了企业品牌的属性，这种互动显然是一种最让消费者“爽”的广告。

有意思的 App 越来越多，针对企业核心服务的却并没有形成体系，但现有的这些 App 利用企业核心产品的属性为我们呈现的玄机，足以让消费者记住企业品牌的属性，这种互动显然是一种最让消费者“爽”的广告。

找理由

爱一个人需要理由吗？

为什么爱你？为什么爱她？如果非要找一个理由，那就是没理由。爱本来就是一种感觉，一种来自于内心的无法衡量和比拟的状态。

但是通常很多男人会被这样的一个问题弄得一头雾水：老公，你爱我吗？你回答爱或者不爱，结果都是一个陷阱。如果爱，请告诉她理由，如果不爱，那要回答是为什么呢。这个问题的怪圈基本上雷同于老婆和妈妈一起掉进水里，你先救谁。

所以找理由是一件很浪费细胞和体现智商的运动。通常我们会对我们的各种抱歉找一堆的理由，比如我们迟到了，我们会说堵车了，或扶了一位老太太过马路。拜托，就算找理由也找一个低端的嘛，就算是找理由，也一定要找门当户对的，否则容易惹笑话的。

没有人天生喜欢老坛酸菜面，但是一句广告词“这酸爽，不敢相信”就让我们找到了喜欢上老坛酸菜面的理由。理由这东西就是隐藏在内心里的一种潜意识，你想用它的时候它会轻而易举地被激活，不想用的时候它就躲在我们的大脑皮层下装死。

但是企业宣传的时候如何能找到一个让消费者轻而易举接受的理由呢？消费者是比老婆还要挑剔的一帮人，而且他们的口味不一，就算找齐3000位大厨都不一定能烹饪出他们喜欢的口味，又凭什么让他们接受你给安排的理由？

我们来分析一个普遍存在的问题：当你通过一条马路，有人向你递来一张传单或者餐馆或者婚纱店或者美容店的优惠券，你会接受吗？通常10个人当中有一半以上会拒绝这种突如其来的广告传单，人的内心是非常抵触这种广告形式的，但是通常我会接受他们的传单，不是因为我想要了解广告的内容，而是我出于对他们工作的支持，因为我本身做过这种类似的工作。我知道这种工作的性质，当一个人接受了他的广告传单他会心存感激的，因为拒绝的次数越多对他的打击就越大，我只是出于“帮忙”的角度，帮他们“消化”掉一张传单而已。

通常这种传单会被扔的满马路都是，或者成为了垃圾桶的座上客，总之，这是一种污染性非常大的广告模式。但是这也是一种传统的广告模式，必不可少，有些时候你不得不做这样的宣传。新店宣传，尤其是本地化服务的店，有时候不得不走这样的宣传模式。我们曾经服务过这样一家连锁的餐饮客户，新店开业需要做地面式宣传，典礼性质的宣传费用太多，不现实，因而我们不得不走上传单这条路。

于是我们综合分析了传单这一广告的性质，它其实包含两个属性：让别人接受和保存不丢弃传单。然后我们准备在传单和发传单的人身上多下一点工夫，那就是需要做得精致一些，换一种模式来发传单。

整个创意没有思考太久我们便找到了一个突破口，我们想到了婚庆，于是决定将发传单的人塑造成即将结婚的情侣，把传单做成喜帖。很显然这个创意颠覆了传统发传单的形式，当我们预设好的四对情侣穿着婚纱在街上发“喜帖”的时候，我们的话题点爆炸了。

人，是有好奇心的。当人们开始纠结为什么结婚的情侣满大街发“喜帖”的时候，我们的广告就光明正大而且欢欢喜喜地走近了消费者的视线，当然我们在传单本身也下了很大的工夫，确实将一张开业广告传单做成了喜帖的形式，想必没有人会拒绝去祝福别人“新婚快乐”。

很显然，试营业期间我们引起了周边人的好奇心，在上座率保证了以后，接下来就是对餐厅美食的考验了。

如何找到一个让消费者轻而易举接受传单的理由？传单这一广告其实包含两个属性：让别人接受和保存不丢弃。在传单本身和发传单的人身上多下一点工夫，精致一些，换一种模式以勾起好奇心，也许就是一个突破口。

找时机

养兵千日用兵一时

大学，可能是你一生中最美好的时光！你褪去了高中的青涩，可以大胆地喜欢你喜欢的女孩子，选修你喜欢的课程，交你喜欢的天南海北的朋友。这 4 年，你会喝无数场酒，该醉的时候就醉该醒的时候就醒。一定要好好恋爱，也许这辈子离开大学你再也找不到这么不务实的姑娘了。当然还有好好听课，工作后充电的电费挺贵的。

去见你喜欢的人，去做你想做的事，去你喜欢的城市，去喝你喜欢的汽水，去找一份喜欢的工作，去买你喜欢的衣服，就把这些当成你青春里最后的任性，在最合适的时间里。

26 岁以前，我还能做点什么让自己幸福地去回忆。编辑一条煽情点的短信，写一张语言欢快的明信片，买一束红艳的玫瑰，把一盒巧克力打包邮寄给你，买一张车票开往春天里，翻出旧校服躲在教室的最后一排，打开 QQ 找一个贴心的哥们聊到凌晨 3 点，背上背包穿上棉衣去看日出，和自己喜欢的女孩去看秋天的海。

在合适的时间一定要做一点合适的事，这样才会活得有意义，就像对于梁朝伟来说，乘早班的飞机去伦敦广场喂鸽子，这才是人生。同样，品牌营销要的就是在一个合适的时间里去完成一个有意思的事件，这是对消费者记忆最强的刺激。

我们曾经帮助一家手机制造企业策划一起线下活动，选定的就是在情人节来推动一个主话题：心动，就是这么简单。

我们以规划单一城市为主或者铺货城市为主举行大型线下“蓝牙交友”活动，活动期间还录制了视频。新手机发布会之前网络预热话题是《非诚勿扰》蓝牙版：XXX，这座城市开蓝牙吗？当然整个广告主题是针对新手机发布城市来做，目的就是为了聚集当天的人气。

活动初期造势以吸引当地人参与当天活动，邀请所有参与人员打开蓝牙寻找心动的感觉。活动期间设置一定互动环节并设置心动奖项。以爆料形式让当地媒体参与报道，将新品发布会做成情感互动娱乐性质。利用各大经销商城市配合海报等形式宣传，这样的地面式推广的力度会自动聚焦想要了解此手机的用户。

网络以情感话题为主配合线下活动，塑造“打开蓝牙，心动，就这么简单”等情感话题，并以软文形式植入新品广告在主流门户站点进行大量报道，主流的 Web2.0 类型网站进行整体活动的推介。目的是让现在忙碌的都市白领一族有一种更便捷更刺激的交友模式，无论是公车还是地铁都能随时随地打开蓝牙，10 米内就可以遇见属于自己的心动。

以“心动，就这么简单”的情感传播配合事件引导塑造属于职场人士的流行文化“简单体”，如“恋爱，就这么简单！”“工作，就这么简单！”等。人们越来越愿意追求单纯而简单的东西了，这就是现在都市人想要的简单的生活。

养话题是为了更好的爆发，这种线下以聚人炒人气为主的活动，必然是需要前期铺垫的，就连苹果手机也需要有大量的黄牛党或者狂热粉丝去排队以烘托手机的疯抢局面。好奇的话题更容易挑起人们敏感的神经，实际上我们策划的很多活动都是在触动人们的好奇心，也许是因为现在的生活太无聊了，家到单位两点一线的生活需要这样突如其来的刺激。

所以品牌营销需要找准这么一个时机去挖掘消费者的敏感点，挖准了，就很容易让消费者沦陷到你预设的游戏里。

品牌营销要的就是在一个合适的时间里去完成一个有意思的事件，这是对消费者记忆最强的刺激。找准一个时机去挖掘消费者的敏感点，挖准了，就会很容易让消费者沦陷到你预设的游戏里。

找茬

接受每一个谩骂过你的人

整个手机“蓝牙交友”活动到此，你可能以为结束了，而实际上这才只是一个事件的预热期，我们只不过先用一个有意思的点切开我们整个故事的横切面，接下来才是故事的核心。品牌活动最终是要落实到产品上的，这样才能实现绑定。接下来我们想玩得疯狂一点，当很多手机厂商在逃避各种手机小问题，假装视而不见的时候，我们却打算反其道而行，实际上对于一个新品手机更需要这样的谩骂和挑毛病。

没有被谩骂和鄙视过的人生是不完美的，只有经历了贵人相助、小人作梗，你才会发现你离成功越来越近了。同样，一部手机的命运也是这样的，只有消费者愿意帮你找出你的问题，才能证明他想让你做得更好，于是我们以天猫商城为原点，微博为半径发起了“找茬”活动。

手机试用、测试并不是一个新的营销模式，但是我们通过新媒体渠道招募测试员，免费送手机，只要你测试到我们手机的问题，我们还会有现金奖励。手机如果被检测到有问题，我们就更好地完善我们的用户体验，而手机没有问题则是我们口碑第一波的出击，无论结果如何，我们都是最后的赢家，这绝对是一种对用户来说最好的广告形式。

一个害怕被谩骂的品牌是一个不敢成长的品牌，有人说，你经得起多大的谩骂就能承受多大的赞美。所以我们坚信，每一次谩骂都是对企业品牌成长最好的刺激，只有你的品牌烂到一定的极限，消费者骂都懒得骂的时候，则证明这个品牌已经废了，当他还会骂你，就是证明他希望你变得更好，更符合他们的用户体验。这一点上爱情也是一样的道理。我们通常说，当一对夫妻连吵架都懒得吵的时候，他们就离离婚不远了。

被谩骂找茬是企业一次自我形象提升的机会，相反，那些不愿正面直击自己问题的企业，反而最后会自己把自己的市场做死了。企业的内心里实际上是应该装着消费者的，这样的企业才符合长远的高瞻远瞩的公司模式，对于一个高瞻远瞩的公司消费者是不忍心不让你挣钱的。如若企业的内心不是装着消费者，遇到问题便打马虎眼，那么这样的企业最后实际上是在为自己挖坑。

做企业品牌就要经得起谩骂，承受得了寂寞，这是每一个品牌成长的历程里不可缺少的故事。当然企业也要时刻监控来源于市场一线的反馈，判断这些谩骂来源于市场的消费者还是竞争者的恶意攻击。但最后我们还是要本着解决问题的态度去承受这些问题，千万不要逃避，逃避便是放弃一次强有力的宣传。

有些时候，这些谩骂也可能最后会形成一次危机，所以对于市场的谩骂，作为企业高端要有统一的态度，处理要及时态度要明确，不躲避直面应对。幻化每一次危机实际上是对品牌形象的一个加分和对消费者一次信任的交代，“蒙牛”和“伊利”的公关战就是如此，无论这种结果是因为什么所导致，最终结局如何，消费者都是一定要了解真相的。

当这些谩骂散去，你会发现没有哪一次宣传会比这样的局面让消费者更为关心，重拾他们的信任实际上等同于增加了品牌的美誉度、忠诚度。

每一次谩骂都是对企业品牌成长最好的刺激，是企业一次自我形象提升的机会。要本着解决问题的态度去承受谩骂带来的后果。当这些谩骂散去，你会发现没有哪一次的宣传会比这样的局面更让消费者关心。

05

亲爱的，别卖巧克力，卖爱情

•做一次完美的文化包装•

文化底蕴对于一个品牌塑造有着不可忽视的能力，否则当年加多宝不能借王老吉这只鸡生蛋，涪陵的榨菜也不会出现2000多元一包的天价，很明显醉翁之意不在“菜”。

那一年，羞答答的玫瑰静悄悄地开了。这些年就这么过去了，觉得此时最幸福，从桌子腿下抽出垫脚的旧相册，一页一页地翻，一页一页的青春，像是剥洋葱，片片让人泪流满面。

每一个人背后都有一个符号

理论上来说，每一个人的背后都有一个符号，这是由于人的生活习惯、远大抱负、情感经历所导致，是一种自己标榜或者社会所赋予的一种标示，一旦这种标示建立以后，很长一段时间是无法自我抹去的，我们称这种行为叫做文化渗透。

当我们在内心里认同某一种文化带给我们的感觉，那么就会死心塌地地去坚持这种文化价值。例如中国传统的酒文化、茶文化，后来外企塑造的咖啡文化、快餐文化，甚至如今情人节送鲜花送巧克力的小习俗，当他们在没有文化背景支撑的情况下，巧克力对于我们来说就是可可浆和可可脂一定配比的产物。

文化底蕴对于一个品牌塑造有着不可忽视的能力，否则当年加多宝不能借王老吉这只鸡生蛋，涪陵的榨菜也不会出现 2000 多元一包的天价，很明显醉翁之意不在“菜”。无论是包装股票也好，塑造品牌高端文化也好，事件营销也好，总之一夜之间让我们知道原来这个世界上还有这种“天价榨菜”，否则原本几十块钱一斤的黄酒，也不会标榜上文化便瞬间咸鱼翻身。所以说文化营销的包装是第一生产力。

芬兰小公司 Rovio 打造了手机游戏《愤怒的小鸟》，《功夫熊猫2》在中国上映两日内便突破亿元票房掀起的熊猫潮，韩国歌手 PSY 的《江南 style》则引爆娱乐圈的癫狂，《人在囧途之泰囧》颠覆华语票房触动泰国热，这一切都在预示着流行文化带来的强大市场冲击。未来品牌竞争最核心的价值就是文化包装。

你很难想象一个没有品牌文化信仰的品牌会是什么样子，卖产品这种底层的销售显然只是劳动力的价值折算，并不足以触动消费者的购买欲，消费者的口味越来越刁钻了，而随着消费者口袋里可支配资金的增加，其可选择性也在大大地提升。

2012 年年底的电影市场我们不得不提及一部电影《人在囧途之泰囧》，制作成本 2000 万元（也有说 3000 万元），上映首日票房便冲到 3900 万元，上映 3 天 1.29 亿，上映 5 天 3 亿，上映一周破 4 亿，最后以 12.4 亿完美收官。当大家都在期待华语影坛第一位票房过 10 亿的导演的时候，徐铮这个在导演圈排不上名字的名字让大腕导演汗颜了。

当冯小刚奔掉"铁打的葛优流水的姑娘"喜剧贺岁档的时候，当周星驰只剩下过往喜剧的巅峰的时候，中国的喜剧贺岁文化确实需要一股新的力量冲击了，而黄渤、王宝强、徐铮这种鬼马组合，把故事搬在了一个对很多影迷来说有着极度偷窥欲的泰国，这注定将是一个不凡的故事。而《泰囧》这部片子又似乎抓住了太多能够让人笑的文化，笑又是喜剧片的核心，所以在内容为王的时代，徐铮塑造了一个可以笑着流泪的片子，同时该片抓住了泰国的文化：人妖，这绝对是一个亮点。

当然还有一个要素是，太多的影迷是不愿意思考的，他们要的就是简单：要么笑要么哭，但是笑更能让一个人轻松，尤其是贺岁档，你看，一个人忙碌苦逼了一年还要跑到电影院看《1942》这种苦情大戏，这不是自己给自己添堵吗？所以我们看今天的电影文化，实际上越简单越不用思考的电影最后可能票房都可以不错，而那些悬疑、深层次思考的片子最后可能只是一些奖项的宠儿，而票房多数惨淡。

档期是电影的核心关键，你看《画皮 2》实际上是等了一个好票房。一个还凑合的片子如果适逢一个没有大片竞争，国产片子烂到极致的时刻，实际上也是可以拿到不错票房的。因为消费者的档期娱乐预算是一定的，只能屌丝里拔高富帅，所以就消费给了相对还凑合的一些片子。《泰囧》实际上的档期是 12 月 21 世界末日，到最后却在双十二提前突围，这显然是不想遭遇 20 号前后，而华谊的《十二生肖》、星美传媒的《血滴子》和博纳的《大上海》，小成本电影最怕比，当货比三家时就显得底气不足了。

档期的临时调整显然让《泰囧》捡了一个漏，首先是片子的漏，《少年派》基本下线，《1942》《王的盛宴》都已经公映了两周，势头开始衰退，何况《1942》消费民族苦难、《王的盛宴》大玩水军营销已经招致一部分影迷不满，而《十二生肖》和《大上海》要一周以后才开始上映。这个空当显然让《泰囧》突围毫无压力，当黄渤、王宝强、徐铮的海报刊登出来的时候，你似乎就已经猜到了这部片子的属性。

这就是《泰囧》捡的第二个漏，影片的类型。目前的电影市场类型片显然是有套路的打法，比如成龙的功夫片，冯小刚《1942》的苦难片，陆川《王的盛宴》这种沉重历史戏，《泰囧》则切切实实地走了一把喜剧路，由此终于让华语影坛沉寂已久的喜剧贺岁档不再沉默了。

而黄渤、王宝强、徐铮背后的喜剧文化以泰国为圆心，以中国大陆为半径，就这样轻而易举地让影迷缴械了，这一年，2012 年，我们度过了世界末日，也是时候让自己乐呵一把了。

当我们在内心里认同某一种文化带给我们的感觉，那么就会死心塌地地坚持这种文化价值。所以说文化底蕴对于品牌塑造有着不可忽视的能力，未来品牌竞争最核心的价值就是文化包装，你很难想象一个没有文化信仰的品牌会是什么样子。

我爱你与你无关，与暧昧有染

每一个人命中注定有一段不为人知的暗恋史，只是有些人坦然面对了最后的结局，有些会死缠那些挥不去的纠缠，陷入一种永无休止的轮回里。像我的好朋友张小蛋，他的暗恋史是终止于他最后遇见的一个能够让他成熟的女人，这个女人的魅力让他足以挥刀自宫自己的过去。

女人通常都是一块很有利的敲门砖，尤其是对于化妆品市场。每个女人都有天生不可磨灭的标签：可爱、撒娇、为人妻。当一个女人开始步入“娘时代”，其作为一个相夫教子的社会体必然要经历“出得厅堂入得厨房”的过渡。那么接下来的时光中“黄脸婆”将作为一个历史性的标签写入女人的生活。无论再怎么纠结，你都再也不能像是一个“Baby”一样得到来自各界的呵护。

每个女友天生都有一个“Baby 情节”，从少女时代到娘时代。女人可以用撒娇征服世界，天生的母性让她的魅力征服男人，因此她需要的呵护是父亲的情人到你的妻子。她喜欢你叫她“baby”把她捧在掌心里，她喜欢你叫她“baby”把她背在肩上当做最重要的行李然后去旅行。书上说：会撒娇的女人都好命，如果你也曾遇见这样的女子，我希望你待她如“baby”。

BB霜是Blemish Balm的简称，作用主要是遮瑕、调整肤色、防晒、细致毛孔，能打造出Nude Look（裸妆效果）的感觉。原来是对剥皮或美白（增白）后，对受损和损伤的皮肤进行保护和修护时使用的再生霜，因此对皮肤的问题也能够给予及时迅速的改善，改善和弥补皮肤的缺点，因而得名叫BB霜。我们从最基础挖掘出新概念：给予婴儿般的呵护、给予Baby式的关怀。将原有的概念拟人化情感化，加深受众情感导向，“就像每一个人身边都有一个叫玲的朋友，但你会想到谁？”

作为女性群体，化妆品的主流消费群，挖掘出她们最女性化的一面也是化妆品所传递的理念。因此我们在做一款BB霜营销的时候，试图唤起的是女性对美的认知，对回忆的认知，对情感的认知，以此加深对该品牌心智资源抢占。会撒娇的女人肯定温柔。会撒娇的女人，支使起男人来易如反掌：“老公，帮我拎着包裹，你看人家的小手都勒出红印来了。”“老公，我累了，你去做饭吧，求求你了！”如此，那位被支使的男人即使再累，也会屁颠屁颠跑进厨房。反过来，如果直眉瞪眼一通冲男人喊：“赶紧去干活，我也一样上班，凭什么伺候你！”两口子肯定吵起来。一样的话，通过不一样的方式说出来，结果截然不同。会撒娇的女人让男人愿意为她效劳。

所以，撒娇是女人的杀手锏，正是这种杀手锏正在悄无声息地被应用于市场营销中，在日本有一款内衣首次尝试这种撒娇营销的时候就产生了很有趣的效果，当一个女性看中了网站上的某一款内衣，她可以把该内衣直接发到男朋友的邮箱里，让男朋友去支付，正是这种难为情的撒娇，让该内衣的转化率大大提升了。当然前提是，所传递的邮件文案让一个男人下不来台，不支付不好意思。

女人通常可以看做是一块很有利的敲门砖，尤其是对于化妆品市场。营销时，唤起女性对美的认知，对回忆的认知，对情感的认知，挖掘出她们最女性化的一面，传递品牌的理念，就能够加深对该品牌心智资源的抢占。

特色包装

我有的，你没有

年少的时候，我有一套超级无敌好看的连环画，我觉得这是我人格魅力的闪光点所在，也就是这样一套连环画让我建立了绝对的群众基础，成为我们那一区域的小孩子王。这个光环一直到我的区域里有一个小孩子有了一个遥控小汽车，然后他的魅力瞬间秒杀了我。

尽管一套连环画与遥控小汽车本身没有可比性，但是存在于我们的对比价值里就发生了很可怕的变化。一个遥控小汽车产生的好奇心足以将我连环画塑造的竞争壁垒击破，后来这个孩子离开了我们的小镇，他把他的小汽车给了我，但是那个时候小汽车已经不足以成为我的闪光点，因为好奇心这种东西已经不复存在了，我们都长大了。

长大在那个时候似乎是一种奢侈品，小孩子只有羡慕的份，而当自己真正长大的时候，你才发现长大是一件多么痛苦的事情。当然长大的这种痛苦伴随着恋爱时代的来临显然不足挂齿。那个时代我们开始羡慕那些放学后牵着小姑娘小手的孩子，也是这种偷越禁忌的恋爱让我们对爱情这种懵懂的玩意产生了极强的求知欲。所以，对于一个人来说，我有的你没有是骄傲的资本，你有的我没有是羡慕嫉妒恨的坟墓。

通常这种现象回归到营销领域，我们称之为特色营销，是对于自己一种特色的最大化发挥的包装。特色这种东西对于一个产品而言，很可能就成为其核心卖点，所以对于一个产品特色的挖掘无异于对一个产品的销量立下军令状。但是有些产品确实属于市场的早产儿，跟东家比逊色三分，跟西家比又差一截，那么它该如何确立它的市场定位呢？

这个世界很公平，既来之则安之，如同我们谈恋爱的时候不能和两种人交往：能够戒烟的人和敢减肥的人，你看他们对自己下手都这么狠，何况对你呢？所以遇见这样的人，绕道为安。产品则一样，占位选择很重要，而特色是占位的一个强有力的兵器，每一个时代也注定了其时代不同的特色，比如：人无远“驴”，必有近“邮”。

丑女人一般崇拜有才的男人，漂亮女人一般崇拜有财的男人。才到财是一场艰苦的炼狱，一般丑女人等得起陪得起，财到才是一次 EMBA 的交易，一般漂亮女人拆得起，所以丑女人一辈子都在赌运气。

赌运气这种事情让我想起一个故事，那就是买椟还珠。说的是楚国有个珠宝商人到郑国去卖珠宝，他精工出细活做了一个相当精致的盒子用来盛放珠子，这是现代流行的包装营销，尤其是逢年过节我们消费的其实就是包装，图一个面子。一个郑国人买了他这份珠宝，却意外地将珠子还给了楚国人，这让楚国人很是费解。当我们开始评价这个郑国人是个傻子不分好歹目光短浅取舍不当时，却从来没有发现每个人的内心实际上都有着对同一事物不同判断的价值观。

而实际上这个郑国人就是我们生活里不可分割的那一种人，他们更懂得特色的包装，在别人传统的眼光里，他们更懂得找寻特色去实现价值。当多数人以珠子为核心的价值观去产生买卖行为的时候，实际上这个市场的竞争是非常大的，而郑国人选择了实际上在环节中不甚起眼的盒子作为买卖点，当他懂得了盒子的工艺的时候，他选择另一条特色的创业之路，那就是以盒子为中心的买方市场，这个买方市场显然是区分于珠子的买方市场的。现代的营销中，如果我们跳不出这个盒子，就会陷入看似朗朗乾坤的滚滚红尘中的创业蓝海里。

跳出这个盒子，以盒子为前提的特色，目前有类似的创业行为，那就是盒子礼物。第一种盒子以化妆品为切入点，将各大知名化妆品的试用营销归结到一个盒子里，消费者可以以会员的身份按月购买其化妆品盒子，盒子里每月有不同的试用品惊喜，当然这样的试用是需要付点会员费用的。

第二种盒子是以人的好奇心为出发点塑造的特色，那就是盒子礼物。当人们在纠结各种生日节日送什么礼物这种让人头疼的问题的时候，有这样的一种网站解决了这种问题，那就是神秘盒子礼物。你为你的朋友购买了这种礼物，当然有一个价值范围，比如100元。你不知道盒子里面到底放的是什么，盒子会随机发送，发到什么算什么，这简直就是挑战一个人的好奇心，只有当朋友收到的那一刻才知道送的是什么。

所以特色的包装取决于你在盒子里还是盒子外，有时候试着放弃可能的蓝海领域反而进入了蓝海领域。

特色这种东西对于一个产品而言，很可能就成为其核心卖点，所以说对于一个产品特色的挖掘无异于对一个产品的销量立下军令状。

地域包装

一碗凉皮，趁热吃

每一个地域因其文化底蕴不同造就了“一方水土养育一方人”，文化差异的不同也就输出了不同地域的差异化。这种地域化的差异必然会形成一种地方性品牌保护意识，从而形成对外地品牌的狙击。几乎每一个地区都有一种地区性垄断的产品，这种产品本身没有什么特殊性，只是符合了当地人的价值观和所需感，就是这么简单，但是对于外地品牌来说就是一种有效的壁垒，比如影响中国南北市场大统一的几个点：江浙沪包邮、南北供暖问题、西红柿鸡蛋放糖还是放盐、豆腐脑吃甜还是吃咸、怕上火南方凉茶北方冰糖雪梨。

地域问题在营销领域是一个很严峻的问题，俗话说“强龙不压地头蛇，虎落平阳被犬欺”就是这个道理。地域因其区域划分的不同而导致了各种饮食、住行、文化、宗教等等的不同。这些不同对于营销来说是机遇也是挑战。比如在瑞典有一个只推崇姐妹之爱而不准男性介入的城市，这就是沙科保市；居住在拉丁美洲马提尼克岛的斐尔坝拉人有一个习惯——从不弯腰。法国与西班牙交界处的比利牛斯山中，有一块会哭的岩石，人们称它“哭岩”，每当晴朗的午后它都会发出女孩子哭泣的声音。地域就是这样充满了特色，让营销人血脉贲张。

地域文化因其强大的地域背景支持，也就塑造了不同地域人群的性格差异化，于是地域人群的性格习惯就成了广告营销研究的主题。可口可乐百事可乐进军中国市场，每到过年时节就会主打中国传统文化的感性营销就是这个道理。入乡随俗才是营销的王道之选。

每一座城市都会大力发展其地域化文化，试图营造一种差异化，这种差异化是地域经济发展的要脉，因为这种地域文化有着强大的历史背景支撑，逐步地形成了一方民众的性格习惯。就像我以为青岛的出租车车牌是这样的意思，青岛：车牌鲁 B 鲁 U。如果有一天在青岛的街头遇见你，我一定带你打的从市南到市北去崂山走四方，去香港中路吃点小资范儿，也可以在四方路边摊哈啤酒吃烧烤，或者台东围着围炉吃串串，北九水摘点小葡萄，可以爬爬崂山看看石老人。因为这座城市的车速说：在风里你会听见，Best For You。每一个城市都想把它最美好的一面展示给你，这是你留在这座城市的理由。

一个新的品牌进军一个陌生的地域，要打这种品牌仗如果没点底细和策略你是很难突围的，这种仗对于当地品牌来说是易守难攻。那么这是不是意味着我们就没法跨地域营销了？这显然不是的，大多数品牌实际上其目的是精准一座城市做精做细，然后利用这座城市的成功点去CTRL+C，既而CTRL+V到另一个城市并将成功点本地化，本地化是一种很强的营销策略。

莎士比亚有句名言："她最满足的时候是她感到最饥饿之时。"这就是习惯的可怕性，如同夫妻关系里一定要保留一定的神秘感才能有每一天的新鲜感。本地化的产品虽然坐拥本地的优势，但是如果不尝试各种以消费者为核心的改变必然会遭遇新的洗牌，而这就是跨地域的缝隙点：满足差异化的互补习惯。

所以习惯以外的营销就是颠覆传统习惯而产生的好奇心，同类产品的跨地域营销，理论上应该是在保证满足原有习惯的基础上，给消费者带来一股新的好奇冲击。

地域文化因其强大的地域背景支持，塑造了不同地域人群性格的差异化，于是地域人群的性格习惯就成了广告营销研究的主题。

我们都是活雷锋

站在公交站牌下等车，突然烟瘾来袭，发现只有烟没有火，悲了个催。随手打了一个的，司机师傅停下车问：去哪？我说：师傅借个火。然后司机师傅扬长而去深藏功与名，我猛吸一口烟 45 度仰望天空，吐了一个心。原来雷锋真的活在我们心中，每一个人的心中，这是一种精神：雷锋精神。你相信它就存在，你不相信它就不存在，是否存在取决于你的内心。我没有雷锋记日记的习惯，于是就顺手把这个事情更了一条微博。

我觉得雷锋精神很好，至少这些年来一直鼓励我相信这个世界是美好的，尽管这个世界带给我们的各种疼痛是没好的。但是如果缺失了这些美好的精神信仰，我们会觉得空洞。所以推及到产品的营销领域，精神信仰是一种可怕的销售，它会让消费者变得不理智，容不得各种黑的出现，所以品牌精神营销最高的境界就是消费者与消费者之间的竞争，这是脱离了品牌自身的属性，建立在消费者不同喜好之间的竞争。

但是作为一个品牌如何去塑造这种品牌精神信仰呢？那就需要给品牌注入一种精神力量，这一点上，运动品牌就很会凭借体育竞技比赛来塑造自己的威信力。比如耐克、阿迪达斯，尝惯了体育运动带给品牌的精神提升，蒙牛酸酸乳利用音乐成就梦想。当然注入精神并不是想当然的做法，而是要遵循品牌自有的一些属性，并不是一些堂而皇之的精神添加。

每一个人的内心世界实际上都是缺失的，正是这种缺失才建立了我们的目标，随着目标的不断被实现不断被转化，我们会发现我们缺失的更多，这就是世界的核心，每天都在缺失一些东西。回头想想我们最最单纯的象牙塔的时光，到如今陷入社会的大染缸开始尔虞我诈，我们正在一步一步地缺失我们的精神信仰，不是我们变坏了，而是现实逼迫我们进行了各种伪装和包装。我们曾经幻想成为各种家：数学家、科学家、政治家、思想家，而最后我们踏上工作的岗位，所谓的梦想都会沦为如今的社会价值观“房子、车子、孩子、妻子”。信念缺失、理想缺失、独立性缺失、制度缺失、信任缺失，让我们越来越觉得确实是“知识改变命运”。

当缺失成为一种主流现象的时候，我们无法对社会进行各种评论与思考，但是这却成了各种企业品牌精神塑造的一个空缺和机会，企业作为社会的一股最具社会责任感的力量，必然要承接一些精神的传递，从品牌营销的机遇上来说，这显然是一次强有力的机遇。

从品牌自身的属性出发，从公益营销出发，品牌精神营销这一肥缺必然会引起企业的注意，这显然是一石两鸟出力讨好的事情。很多企业就开始打着“创新”的旗号去拯救大学生的“创意”，利用大学生的创意去影响品牌的公信力。缺什么补什么是最基本的精神印象贴牌，最常惯用的一个精神关键词就是“梦想”，这个词用起来让人觉得若即若离的温暖，是我们每个人曾经有现在可能有将来不一定有的东西。比如激活大学生的梦想就搞一次“梦想缔造传奇”的活动，品牌全程参与赞助，提供就业机会或者提供一部分梦想基金扶持大学生创业，或者利用大学生对品牌的创意延伸发掘更有意思、更具影响力的品牌营销点，总之，这是一次绝对利大于弊的互动活动。诺基亚就征集过各种科技达人的科技创意，以此来推动其手机“科技感”的属性和品牌的“科技创新精神”，其目的就是升华产品、品牌，以此塑造其社会责任感，并推动话题“中国制造”到“中国创造”的世界影响力。

品牌精神营销最高的境界就是消费者与消费者之间的竞争，这是脱离了品牌自身的属性，建立在消费者不同喜好之间的竞争。作为一个品牌如何去塑造这种品牌的精神信仰呢？需要给品牌注入一种精神力量！

促销包装

满XX送XX，第二杯半价

促销显然是这个时代最有意思的陷阱，就算我们明明知道，但是这并不妨碍我们一股脑儿地自己跳下去。滚滚红尘啊，人就是受不了这一点小诱惑。人生本就如此，贪恋红尘吃成胖子便成了断翅膀的天使。明知道促销有 1001 种套路让我们深陷其中，但我们却总能找到 999 个自己跳下去的理由。

为了让消费者跳下去时更笃定一些，市场也总会耗尽各种心机，我们假设思考一下，比如为了弥补男士香烟市场的促销空缺就会加大对细分化市场的开发，例如原味的，五香的、麻辣的、烧烤的、巧克力的、牛奶的、咖啡的、其余口味依据个人习惯酌情自然开发。细分化市场有时候并不是真正为了占有新的市场份额，而是为了巩固原有市场的品牌号召力，细分产品于是就承接了强大的促销使命，这类品系基本上生于促销死于促销。

这个世界上显然没有比促销更能激发消费者购买雄心的方式了，促销这种方式自诞生以来就以强大的魅力征服了消费者“贪”

的弱点。爱占小便宜这个小缺陷显然成了商家狂加利用的点，所以商家习惯了打着各种让利促销的旗号去招揽各路等着上当的消费者，你看，每到各种所谓的网购节，你不让利几十个亿你都不好意思促销，因为促销是最快回笼资金的一个方式。

通常的促销会采用的方式有 7 大招，虽谈不上招招让消费者甘心落马，但是能躲得过这 7 招的消费者显然越来越少了。

第一招：就地起价。这种营销策略一般针对的受众是情侣类、爱好面子的主，他们更喜欢用各种商家编排好的礼物来表达爱意，或者体现自己的面子。比如情人节起价的玫瑰、平安夜起价的苹果，当然还有一个叫做苹果的手机。当你很难想象一个普通的苹果加上一个外表光鲜的包装以后，摇身一变 15 块钱一个的时候，证明你确实不懂爱情了，就像法海一样的不懂爱，爱这种东西是可以用金钱衡量的吗？傻帽，买一个吧！为了爱。我突然想起一本小说《小王子》，他守着自己唯一的一朵玫瑰，只是等到满园花开的时候，小王子却找不到自己的那一朵了，于是他蹲下来伤心地哭了。我觉得他哭是因为他的花没有遇到 2 月 14 日。无论是苹果遇见了平安夜还是玫瑰遇见了 2 月 14 日，这一点像极了 18 块钱一斤的大闸蟹往 23 块钱一斤的筐里爬。

第二招：买一赠一。在超市里某名牌榨菜打出了买一赠一的噱头，原先一包 2.8 元，而现在买一赠一。仔细的消费者只要一看生产日期就会明白，赠送的一包如果回家速度慢的话，基本上在路上就过期了。这一点某奶业巨头的买二赠一也同样体现了挑战时空三维定律的方式。既然促销就拿出一点诚意嘛！这样的促销一旦惹怒了消费者不是自己给自己添乱吗？

第三招：买套餐许愿刮奖。买同一系列的产品两套以上，即可参与“圣诞节许愿刮奖”活动。奖项基本上设计得超级华丽：所以你能看到的市场上最火的东西都是海报的主角，这一点对中老年人或者恋爱中喜欢晒幸福的情侣奏效性十足，于是华丽丽的一圣诞树全是许愿卡，刮奖的最后有谁知道那个大奖进入了哪个幸福小子的囊中？反正钞票是进了商家的口袋。

第四招：“托”式促销。圣诞节以前，某啤酒品牌的陈列架上500毫升和640毫升的酒都是3.5元一瓶，大约持续了一周左右。很显然，640毫升的竟然缺货一天，而500毫升的基本上无人动过。就在平安夜当晚，640毫升的居然价格回升了，没有任何提示，只是标签换了，5.2元一瓶，结果是500毫升的“托”依然无人问津，640毫升的又售空了。我不知道这群消费者回家看到账单的时候是不是有种被“坑爹”的感觉？

第五招：买×××就送×××。每一样商品一旦走进超市就有了它固有的利润空间，而这个利润空间是消费者不能企及的。于是就在同一家产品打出买×××送×××的情绪刺激的时候，某些暂时没用的产品也成了手推车里的一分子。到底谁送谁，聪明的消费者仔细想一下就都明白了。有些商品没必要非要赶到节日去买，节日的情绪只会让你更容易陷入冲动消费。

第六招：堆头促销。堆头促销的时候一般都会采用价格记忆提醒，也就是我们看到的所谓原价现价促销价等等，因为你对之前的价格不了解就不知道优惠了多少，而商家自然会“善意”地提醒你。

第七招：全场封顶××元。封顶价如果在你思考的价位内，你就成了他的受众群。而这个封顶价只不过是清仓大甩卖的另一种表达方式。一般赶在节日突然来个封顶价，原先价格几百的包包或者衣服突然清仓般的封顶99元，这就意味着要么房租到期要么楼主跑路要么这里面鱼龙混杂了一些劣质品。反正节日促销，玩的就是一个情绪冲动。

我们不反对促销，相反却很喜欢促销，但是商家最起码的诚实度是要保证的，既然打算给消费者优惠，那就爽快一些又怎么了，赚一个口碑能省掉多少广告费，心惊胆战昧着良心赚个快钱，到头来是对品牌的信任过度消费，出来混，迟早有一天是要还的。

这个世界上显然没有比促销更能激发消费者购买雄心的方式了。这种方式自诞生以来就以强大的魅力征服了消费者“贪”的弱点，但此时商家最起码的诚实度还是要保证的，否则到头来也不过是对品牌的过度消费。

好“色”有时候并不是一件坏事

多数人都是好“色”之徒，色彩是我们生活里不可或缺的一部分，熊猫的伟大理想就是有生之年拍一套彩色写真。尽管这是不可能实现的愿望，但是这并不妨碍熊猫将其当做一个理想。理想是最有生产力的激将，我们就是被这种激将产生了不可遏制的动力。

乐嘉将色彩与人的性格匹配，他觉得人的性格是可以根据颜色来对号入座的，从广告色彩对消费者购买欲的刺激上我们会发现，色彩实际很大程度上决定了我们的购买愿望。我们现在不妨做一个小测试：回忆你最近一个月购买的东西的颜色有多少是你内心里喜欢的颜色？这些你购买的商品中有多少到现在还没有发挥它的作用？

当你明白了这一点后，就很容易理解为什么商场的很多陈列架上的货品会色彩鲜明，因为这些陈列商品的首要目的是从各种竞品中突围出来，建立与消费者的第一色彩视觉。

人作为一种高级动物，对事物有了更多的判断，也有了更多趋于自己有利的一些心理暗示。对于色彩来说，我们更喜欢说成是幸运色。像是数字，我们通常会觉得某些数字对我们有利，于是我们称之为幸运数字，但是它是否能够带给我们幸运呢？这一点是无法考证的，如果非要考证，那不妨你试着买一注彩票，看看这个数字是不是你的幸运数字。中国传统命理学和位理学中表明，颜色与每个人的命理五行密切相关，也与流年运势紧密相连，从这一点出发，色彩就拥有了护身符的概念，所以命理学的专家会告诉你配搭红色流年大利，配搭黄色流年磕磕绊绊。

除了这些说不清道不明的神秘色彩包装以外，实际上色彩更能体现一种时尚。也许穿戴、搭配你喜欢的颜色确实可以让你心情愉悦，一份好心情的开始也许会带来好运，但是单纯地说某一种颜色就是幸运色，这个色彩影响你的生命轮回就有点太危言耸听了。但是，作为你的幸运色，你产生了对某一个产品的购买行为，这就是品牌互动行为，但色彩只是促进了你的购买进程，并不是你购买的核心要素，你的核心元素还是产品本身的属性。

所以，我们今天研究色彩营销，实际上研究的是色彩对品牌购买的一个促进作用。色彩有时候对消费者的内心会形成一种惯性的暗示，比如红黄蓝三原色，红色是一种温暖、热烈、喜庆的暗示，黄色则暗示庄重、高贵、明亮，蓝色实际上一种宁静、清洁、理智的感觉。所以依据不同的色彩反应到人的购买行为上可能就会出现兴趣、追求、惊讶、厌恶等表情。

比如色彩兴趣：当顾客对某种色彩产生好奇和兴趣就能激发其

购买热情和欲望，所以我们现在去研究那些畅销的产品会发现它通常有着鲜明的色彩，能够第一视觉上让消费者产生一种心理预期。

比如色彩追求：没有人喜欢生活在一种过气的时代，他们更愿意去追求有利于自己生活的一些东西，时尚这种东西说不清道不明，但是每一季的巴黎时装周都会带动某一种颜色的盛行，人们喜欢这种追逐时尚潮流的感觉。

比如色彩惊讶：我们生活的世界实际上每天是固定的模式，如家到工作单位的两点一线，这样波澜不惊的生活需要扔进来一块石头。当我们遇见一种新的色彩，而这种色彩平常少见且具有我们喜欢的元素，我们内心就会产生暗示要购买。这种感觉就像婚姻7年之痒时突然某天遭遇了自己的初恋女友或者一场艳遇。

比如色彩厌恶：每一个人都有一些讨厌的颜色，这是每一个人不同的阅历、生活习惯、性格等决定的，看到这种颜色我们会躲避，会认为是一种不祥的预感，尽管我们可能喜欢产品的属性，但是色彩仍会给我们带来的一种厌恶感，于是阻止了我们购买的欲望。

所以当企业将色彩运用到包装或者营销的时候要趋利避短，不要轻易尝试一些特殊色彩，这是一把双刃剑，可能会招致不满从而

“色彩”实际很大程度上决定了我们的购买愿望，陈列商品的首要目的是从各种竞品中突围出来，建立与消费者的第一色彩视觉。但这只是促进了购买进程，并不是购买的核心要素，你的核心元素还是产品本身的属性。

为品牌带来不必要的麻烦。但是也许你会问，不是说特殊的颜色可以给消费者带来惊讶感从而与各种竞品进行区分吗？但要知道，用不好色彩，这种“惊讶”可能就会变成“惊吓”。在没有进行市场调研前，千万不要玩火。

故事包装

来，爸爸给你讲一个睡前故事

我记得我年少的时候，每天晚上都会等着爸爸讲一个故事，如果少了这个故事我就会睡得不踏实。这种睡前故事像是一种戒不掉的条件反射，会产生一种期待感，你会不自觉地思考每一个夜晚你会遇见一个怎样的故事。

当然我的睡前故事只持续到小学三年级，因为那个时候我的父亲出国了，一待就是两年，这两年的空缺不仅让我缺失了我的故事更缺失了我对爸爸这个角色的印象。很多年后我回忆我的童年时光，那断开的两年时光实际上是我自己在给自己讲故事，我抱着字典给自己讲了很多很多的故事，这种故事体现在：我会随机翻开字典，找三个词，然后拼成一个我以为的故事。所以到小学毕业时我学会了讲各种故事。

现在我要给你讲一个故事。一只兔子失恋了，要自杀，撞在一个被拔高的禾苗上，死了。正好被锄禾日当午的农民看到，他欣喜地捡起来然后坐船回家。船行驶到河中心，锄头不小心掉进河里，他就在船上刻了一个“早”。回到家她看到老婆在画龙，于是拿起笔点了两个眼，龙突然出现说：我可以满足你们三个愿望。夫妇卒，龙走了，蛇来了。

这显然是一个信息量很大的故事，这个故事讲的点太多了，到最后可能被记住的点并不是我们想要宣传的唯一点，这就是讲故事要避免的一个缺陷。很显然，复杂的故事并不是品牌宣传的一个好去处，消费者要的是简单明了。

而如今随着消费者口味的转变和互联网视频的火速发展，微电影显然是讲故事的一个有意思的方式，形神兼备。它既是加长版的广告片也是精华版的电影，它既是软广告同时也传递了电影的剧情。它在受众紧张的生活节奏中，快速的如同快餐一样满足了受众的某种精神需求，微电影的一个特殊定位显然是生活的调味剂，因为它更大程度上是在消耗碎片化时间。

谈及目前新浪微博经典营销案例“眼睛渴了”的营销策略，我们不得不提及微电影与微博营销模式绑定讲故事的策略，这部 13 分钟的故事短片《眼睛渴了》，将品牌的属性转化成受众最易形成共鸣的点，然后精准到点去包装宣传，于是最终产生了与 300 万有梦想的人的心理共鸣。

微博营销模式的出现让更多的人有了说话的欲望，这种想说的欲望通过营销模式的引导，就变成了受众对品牌的认识、了解到喜欢的递进过程。通过“眼睛渴了”的经典营销案例，我们不难发现在新媒体营销的过程中，讲故事，其实是一种快速的渗透营销模式。

a. 产品背后有什么故事

眼睛渴了无糖贝它糖作为时尚年轻的特色产品，本身拥有与受众很多的共鸣点，它从自身的受众定位学生、职场白领等就拥有了很多与之共鸣的点。因为作为这一部分群体他们拥有属于他们自己的玩伴、生活方式、交流方式。只要产品把控好能够让他们眼前一亮的营销点，必然会引起他们的共鸣并形成良性的口碑传播。

于是《眼睛渴了》从爱情、梦想与奋斗等点出发，将生活的细节作为故事的引线，让受众在观看的过程中自己对号入座，当整个故事结束，“不是每一次醒来都是一场梦”的感慨收尾时彻底让品牌受众感动了。

b. 故事讲给谁听

在每一部微电影的背后，我们思考的更多的问题是产品对应的受众是谁，受众自身有怎样的故事，受众记忆里最深层的感动来源于哪里？产品本身的属性回归到用户身上就可以找到很多的共鸣点，于是经典屡试不爽的爱情作为主线就形成了故事，但是《眼睛渴了》不同于一般的电影、小说爱情故事，而是选择了最琐碎的生活中每对情侣可能会经历的最普通的故事，用梦想与爱情抉择升华的故事主题让受众对号入座。

c. 受众看完故事印象最深的是什么

一个好的产品广告微电影首先应是一个能够让人记住的电影，其次该是一个让人耳目一新的广告，然后是关注植入产品的属性。

一个微电影不能拼命地讲产品有多好多好，这样连微电影本身都不会被受众所接受并传播，于是《眼睛渴了》微电影中挖掘出眼睛渴了无糖贝它糖最核心的属性，即对眼睛好，有助于缓解眼睛疲劳，正好适合职场及学生等一部分长期坐在电脑前的人群，设置了当男主角大玩游戏的时候，通过女主角的关怀把糖的属性展示出来，整个环节就是生活的细节，更贴近受众的情感生活。

通过产品属性的传递以及与受众需求的对接，观看这一部分剧情的他们深知长期盯着电脑所产生的眼睛干涩感，从而产生了共鸣，于是他们就成为第一批受众，就形成了第一波营销传播。

截止到最后，我们实际上是让整个剧情的通俗去补充消费者内心世界的一个精神空缺，从而激发他们对梦想的理解，这样我们整个故事的主题就开始升华了，而产品随着梦想主题的撒播就有了更深层次的理解。

新媒体营销的过程中，“讲故事”其实是一种快速的渗透营销模式。从爱情、梦想与奋斗等点出发，将生活的细节作为故事的引线，让受众在观看的过程中自己对号入座，当整个故事结束，“不是每一次醒来都是一场梦”的感慨收尾会彻底让品牌受众感动。

社交包装

混“圈子”别输“面子”

人在江湖混，怎么能缺少三五个好友呢？但凡有手机的人，翻开电话簿总有二三十个号码，但凡没有脱离互联网的人，QQ 上至少有上百个好友各种关系的纠结。尽管有些人从加上的那一天就从来没有聊过，但是 QQ 的好友数也已经足以证明你是一个广交天下好友的英雄好汉。

想想你过往的人生，还是收起你 45 度的忧伤和 135 度的怜悯，把 90 度的快乐建立在 15 度的眼角，让 38 度的体温去遇见你最爱的人。用 180 度的激情向未来冲刺，720 度的回旋告别你该告别的时代，明天很好，一个人或者两个人都是你的人生，但是人生永远不能缺了社交。

社交是当下最火的一个词，随着 App 抢占你的碎片化时间就足以证明我们都患上了“社交上瘾综合征”，而社交应用的各种走红也证明社交这个市场的蛋糕太诱人了，都想分一块尝尝。你看，陌陌火了，给新浪微博“pia”一耳光，啪啪火了，给新浪微博“pia”一个耳光，微信火了，“pia pia pia”给新浪微博仨耳光。如今你的短信还会发给谁呢？是不是短信已经开始淡出你的社交视线了？社交就是这么残酷，总有最新的一种工具让我们与朋友产生社交关系。

随着社交网络的铺桥架路，似乎沟通越来越完善了，对于企业来说，我们发现社交新媒体更深层次地增加了与消费者点对点的互动沟通，品牌形象可以更加娱乐化地出现在消费者的视线里，而实际上对于消费者来说，他们以为的品牌互动就是购买，而企业品牌以为的互动就是开个微博开个微信客服一下卖萌一下，而这只不过是基本的关系维护，就像你每天遇见的一些同事只是点头问好的关系，也许你甚至不知道他的名字一样，这种弱关系仅仅局限于你还在这家公司工作而已，如果有一天你离开了，这种关系就没了。

而所谓的社交互动实际上有五方面的元素在维系：共同的利益、合适的时机、巧妙的沟通方法、弱关系、强关系。当下品牌社交互动营销的弊端就在于跟风，多数企业是没有自己的营销主见的，只是看到什么火了就往火了的地方发力，人家企业注册了微博就立马跟着整个公司全员微博，人家有了微信客服，立马不问缘由公司客服全部微信。这种企业的品牌社交包装是可怕的，但到最后可能就是猴子掰棒子。

一个社交圈子首先包含两种关系：弱关系、强关系。比如新浪微博这种开放式的社交就意味着弱关系，而QQ这种私密社交就意味着强关系，所以现在新浪微博开始推密友，而腾讯明修微博暗渡微信，微信公众平台也是建立在半私密的推介上。打一个简单的比喻，你的心事或者不好的事你是愿意微博广而告之，还是在 QQ 上找好友倾诉一下？微博就是在大众澡堂子洗澡，而 QQ 则是高档会所 VIP 包间做 SPA，就是这么简单。回到品牌营销领域，企业利用社交媒体到底是在维护什么关系？这就明显了，很显然是弱关系。

那么弱关系如何保证共同的利益、合适的时机、巧妙的沟通方法？首先我们要明白共同的利益指代的是什么。对于一个企业和消费者来说，一个想要别人掏钱的和掏钱的人，他们之间有什么共同的利益？当进入了新浪微博这个大澡堂子，尤其是以明星为主的大澡堂子，大家的主流目光肯定是信息的获取，尤其是八卦娱乐信息的获取。所以想要取得消费者的好感，必然是要站在消费者的立场上，在合适的时机制造一些消费者关注的话题。第二步就是对于消费者的一些疑问、评价做第一时间的回应，弱关系注定就是一个不平等的沟通，企业注定要学会用有意思的沟通方法“讨好”消费者，这才是社交包装的王道，吃得苦中苦，方卖货和货。

当下品牌社交互动营销的弊端是跟风，企业没有自己的营销主见，看到什么火了就朝火的地方发力，这种状态是可怕的，到最后可能只是猴子掰棒子。

绑架营销

丈母娘是地产行业先头兵

房地产行业一直有恃无恐地抬价抬价再抬价，就是因为他们仗着有一个坚强而不可磨灭的后台：丈母娘。丈母娘这个角色显然是地产行业最大的推动者，如果没有丈母娘的推动，地产行业将会沦落成什么样子呢？我们不妨假设一下，如果丈母娘不再纠结有房才嫁女儿，那么裸婚就是主流，裸婚成为主流，那么租房就是必然，租房成为必然那么装修就不在预料之内、家具基本上就不会购买，装修家具不在购买范围，那么男人就会降低自己的要求，男人作为社会的主要生产力如果降低了要求，GDP 就会疯狂下降，然后社会就会退步，这是多可怕的蝴蝶效应啊！

所以这个时代最应该感谢的是丈母娘，这是丈母娘经济。丈母娘经济最大的一个特点就是利用了绑架营销，她绑架了一个社会责任，就是“结婚不买房等于耍流氓”。我的丈母娘没有参与到这个浩浩荡荡的房产经济大军里，她不要求我结婚必须买房，但是她显然比传统的丈母娘技高一筹，她的人格魅力闪光让我产生了内疚感，于是我就加倍努力，买了房。她显然曲线挽救了房产经济，你看，情感营销更容易让人感动，而绑架营销则略显软暴力了。

绑架营销善用的一张王牌就是感情，一旦绑架营销披上了感情的外衣就显得格外的耀眼。这一点上，以老年保健品旗号为主力军的品牌就在大肆地渲染亲情的无限感染力。脑白金就是一个典型的例子，它利用情感舆论让年轻的消费者陷入骑虎难下的境地。绑架营销惯用的方式是制造道德舆论制高点，制造企业的社会责任感，所以站在企业营销的角度上，企业是需要这种推进社会进步的“绑架”，尽管企业背后的目的很明确，但是当话题被推动起来的时候，确实对社会产生了积极的影响，就算我们不买脑白金的各种产品，但是我们可以给父母更多的关怀与问候，也许有时候“常回家看看”比一盒脑白金更能让父母觉得宽心。

另一起绑架营销成功的案例就是 2008 年地震捐一个亿的王老吉，当然现在它变成了加多宝，但这并不影响其光辉的历史。这一起绑架很成功，利用社会舆论话题与人们情感的烘托，一举将王老吉品牌的公众影响力提升到民族正能量。

无论要绑架什么作为我们传播的核心主题，不能脱离的一个核心是体现企业的社会责任感，传递一种正能量，否则绑架一旦被消费者识破就面临被撕票的危险。所以绑架营销挖掘的是一种被认同的价值理念，一种正向的可能被丢失的价值理念。就像全球变暖的时候，企业绑架生态、绿色；就像天然灾害需要巨款，企业绑架爱心、责任；就像体育竞技活动，企业绑架拼搏奋斗、不服输的体育精神等等。

这个世界的闪光点很多，关键在于如何去利用。有些绑架会让你心生厌恶，而有些绑架你会觉得无比的幸福。当你有了女儿之后，你会发现女儿早上的哭叫是治疗拖延症最好的铃声，因为这是上辈子小情人的使命召唤：爸，我饿了。尽管你之后的生活会为了这个女儿不停地拼搏，但是你会觉得这种绑架还是来得太晚了。

无论要绑架什么作为传播的核心主题，都不能脱离的是体现企业的社会责任感，传递正能量，否则“绑架”一旦被识破，我们将面临被撕票的危险。

06

不以结婚为目的的谈恋爱，都是耍流氓

•给受众一种踏实的感受•

人不怕出名猪却怕壮，自然生存也无非这些道道。人越红其产生的商业价值就越高，包括负面信息对抢眼球的利用（理论上如此），而产品利用负面信息想博得一个满堂彩，搞不好则会吃鱼不成反弄一身腥，偷鸡不成反丢一把米。品牌没事千万别玩这种心跳。

当一个人发怒的时候，他的心就变成了情绪的奴隶，情绪会轻而易举地操纵他的各种举措。

暗恋

羞答答的玫瑰静悄悄地开

说起暗恋，内心会突然觉得一阵暖流袭来，这是藏在心底的一个秘密。很多时候我一直在想，是不是一直暗恋着就永远不会失恋，是不是这种想法太阿Q精神胜利了呢？讨论这个问题前，我们不妨谈一个我朋友的故事。我的好朋友Z先生，大学的4年时光里一直暗恋着一个跟我们宿舍关系特别好的女生宿舍中的女孩W，从大一开始我们两个宿舍便建立起革命般的友谊，甚至最开始还开玩笑说，如果大学4年彼此都没有找到男女朋友的话，我们一一配对，按照宿舍里的年龄辈分。这个美好的愿望在大三时就被终结了，但好在我们两个宿舍还是成了一对。

在大学的4年时光里，Z先生暗恋了4年，但是女孩W在大三的上学期谈恋爱了。毕业的散伙饭大家喝多了酒，Z先生说漏了喜欢那个女孩喜欢了4年的事实，随后整个餐馆的包间就安静了。然后女孩W说了一句让我们震惊的话，我也暗恋了你4年。最后他们没有走在一起，而如今他们各自成婚了。

就差那么一个“大胆”的距离，就差那么一个“勇气”的距离，那一年，羞答答的玫瑰静悄悄地开了。这些年就这么过去了，觉得此时最幸福，从桌子腿下抽出垫脚的旧相册，一页一页地翻，一页一页的青春，像是剥洋葱般片片让人泪流满面。

每一个人都有一个暗恋的故事，我觉得“暗恋”这个字眼本身就拥有了太多的话题性，它天生就会有火爆的潜力。对于旅游、快消、户外用品、奶茶、婚纱、珠宝，甚至一些以爱情为切入点的行业都是可以挖掘出来一个很大的爆炸性话题的。因为暗恋对于年轻人来说有着更广泛的共鸣性。

暗恋搭配上一些情侣性节日是一个不错的主题，而且更容易延伸出一些让消费者感同身受的slogan（口号）。这个主题跟《失恋33天》《初恋这件小事》有着异曲同工之妙，而暗恋因为勇气的缺失而更缺失一个平台去激发，所以企业品牌站在这个位置，更容易拉动消费者的品牌信赖感。

比如我们以旅行为基准来策划一起暗恋主题的营销活动，那么活动的一个主题的延伸就要利用到钱钟书先生在《围城》中曾说的一句话：认识一个人最好的方式就是和他去旅行。一个人一生总要有这样一次声势浩大的暗恋旅行，无论出于一种怎样的目的，你都应该需要去为自己的爱情来一场不计后果的旅行。

这样的旅行只谈旅行不谈感情，只暗恋不表白，一起在路上。在路上去发现你不曾看到的对方的一面，当然在选择每一对参与活动的准情侣之前，企业品牌作为主赞助方是要存有一己私心的，那就是要发现更具话题性的暗恋，这是为了整个活动的曝光率所做的前提。活动中依据可能性设置了一系列对暗恋行为进行考验的游戏环节，这种带有一丝冒险性旅行恋爱的方式必然会触动媒体的神经。

这样的旅行更容易激发一种记忆里不可磨灭的“革命情谊”，更容易形成两个人之间一股无形的“情感资产”，无论最后结局如何，都将没有人受伤害。这种内涵而婉转的告白，会让两个人的关系就算不是情侣也会成就一份难得的友谊，到最后我们让感觉自己去评判是否会在一起。当活动结束后，企业的品牌属性就有了更趣味的属性。

“暗恋”这字眼天生就有火爆的潜力，以爱情为切入点的行业都可以挖掘出很大的爆炸性话题，延伸出让消费者感同身受的 slogan。企业品牌站在这个位置，也就更容易拉动消费者的品牌信赖感。

三行情书，先动情后动心

提起三行情书，我大概能够瞬间想起的是这样一句话：这一生，只有三件事，生、死、遇见你。一想起这样的话，我会觉得心里微微地一震，因为在我的生活时代里，我是说不出这种酸不溜秋话的，这样的话太文艺反而不适合我这种大大咧咧的人。

不过三行情书这种模式貌似于日本走红之后到中国就更具商业价值了，把模式商业化是最好的模式化，当然在中国，更本土的进化也诞生了微情书、微家书这种概念。这种最便捷的情感表达方式更符合现在人们生活的节奏，而且三句话更能激发人的创造力，所以这个模式必然会模式化、活动化。

表白这种事，无论你是去做还是不做，到最后只有两种结局：被拒和接受。也许有人会说我一直不表白就永远不会有这两种结局，但是实际上这只不过是一种间接的拒绝而已。当你永远存在于一个临界点的时候，悲剧结局的可能性会更大一些。

就算有了这两种结局也无所谓了，被拒之后做不成恋人也可以是朋友，因为这是表白，你不能妨碍别人喜欢你的自由。如果接受了，当然这也不一定是最好的结局，因为未来的日子才刚刚开始，每一步甜蜜也荆棘。尽管爱一下，不会死，但是如果并不合适的两个人由于某种外力的作用而在一起了，那也是生不如死。所以在表白是否被接受前，一定要给自己一个思考的时间。

整个三行情书表白的行为推及到品牌营销里，是一种感性的品牌互动沟通行为，会增加品牌的良性属性，这显然是一定的。而且情书这种作为多少年来深入人心的一种表白方式，是一种令人愉悦的情感装饰品，现在随着各种新媒体的闪现，原有的纸质情书显然已经越来越少了，这就是一个营销契机。在我们的记忆有，在现实中很少出现的东西，更容易激起人们对那个特有的时代的一种莫名的好感。

如果单纯地做一个线上的以微博为出发点的三行情书活动，这种模式显然会让人陷入一种视觉疲惫期，很难激发媒体的兴趣，只能单方性地发布公关软文，而且这样的活动太多了。但是如果我们经过一些小创意的重新思考，就会激发消费者的内心兴趣。

以奶茶品牌推广为前提，我们发散一下创意并不一定要去执行或者精简步骤执行，传统意义上的那种杯子围绕地球两三圈的概念虽然已经深入人心，但是再也激不起消费者内心的涟漪了。那么我们该怎么重新出发呢？不妨以奶茶杯身来做点文章。

我们还是以微博作为自媒体集散地，我们开始征集实体三行情书，对，是实体情书，写给你最想给的人。从全国各地收集来之后，进行相关的整理，然后将这些情书印制到杯身上。同时我们要求留下情书被表白人的地址，我们依据每一个人的表白设置独一无二限量版的奶茶，然后将其情书单独装帧，一并邮寄给被表白人。同时我们根据实际参与人数情况，开发一批限量版的三行情书奶茶，全国上架，让全国都来见证参与者的爱。

第二步，线下随手拍“三行情书奶茶”@被表白人送祝福，从全国最让人羡慕的情侣中选出最感人的、最文艺的、最有意思等的三行情书。第三步，每一个购买参与“三行情书奶茶”活动的人，购买普通杯的时候会有一张卡片，以便你瞬间记录下你的三行情书故事，然后放在我们预设好的货架旁边的一个邮筒里面，也许有一天你的爱情故事，正在通往全国各个城市的路上。

这样的活动让人觉得有意思就可以了。如果为了让整个环节更具互动性，还可以单城市复制，比如消费者写下三行情书往邮筒投递的时候，我们事先安排好的人会穿着可爱的大玩偶服装给这个消费者一份意外的礼物。这一切似乎可以拍摄下来，剪辑成一段有意思的视频，让消费者更加懂你的乐趣所在。

“表白”的行为推及到品牌营销里，便是一种感性的品牌互动沟通行为，能够增加品牌的良性属性，是一个营销契机。

200次离婚、50次掐死对方的冲动

在我20多年的生涯里，几乎没有遇到我的朋友离婚这种情况，倒不是因为他们生活得和和睦睦，而是他们有着各种夫妻之间化险为夷的生活技能。我时常被张小蛋半夜的电话惊醒，然后陪他去喝酒，经常听到他各种情感的鸡毛蒜皮，几乎每一次都是以张小蛋离家出走作为故事的短暂结束，以张小蛋洗心革面的忏悔作为故事的终结，就算半夜气冲冲的离家找我喝酒解闷，凌晨6点多回家依然会去楼下的早餐店买热腾腾的豆浆油条，然后回家道歉和好如初。但是他们吵架归吵架，却从来没有碰触过对方的底线，那就是离婚。

无论多么坚固的爱情都会吵架，但是千万不要在气头上说离婚，每喊一次婚姻就薄一次，喊久了麻木了，离婚就照进现实了，所以相处是婚姻里最具有哲学味的一门艺术。

很多人最后承受不了围城内的各种纠结，一股脑地冲出围城就是因为没有读懂婚姻的艺术：信任、包容。当然有些离婚的原因在于某一方的出轨行为，这就是日久天长吸引力逐渐衰退所造成的悲剧结果。而实际上，在正常的企业产品营销活动中，消费者也会随着时间的推移慢慢地降低关注度和对产品丧失原有的信心，这就是产品吸引力降低的原因。

那么如何保证产品持久畅销的新鲜感呢？

就像把大象放进冰箱里需要3个步骤一样：打开冰箱，放进大象，关上门，保持品牌产品的新鲜感需要6步。

a. 创造机会

就像爱情里一样，相处是需要创造各种有趣的机会的，所以产品不能一直一板一眼地广告宣传，坐等消费者找上门，这显然是有悖于互动规则的。如果产品以一种消费者喜闻乐见的方式去邂逅他们，他们会觉得这样的产品才更有趣。现在几乎很多的产品都有了属于自己的一些产品玩偶形象，这些形象就是为了创造与消费者更多接触面的小说客，尽管它们不说话却此生无声胜有声。

b. 寻找新乐趣

你想在哪里，遇见一个怎样的故事？企业品牌不妨试着帮助消费者玩一场有意思的游戏。因为消费者的生活是定制式的，从闹钟响起的那一刻就注定了一天的各种出现位置。而品牌活动如果能够短暂地打断他们的生活，给生活一份漂亮的刺激，这显然就会让人觉得很爽。

c. 情感交流

别再板着脸了，来微笑一下。这样的感觉很美好的，消费者从而不觉得你只是一个冷冰冰的产品，而是更多的像是一个老朋友，有着这种老朋友基因的产品才能更赢得消费者的青睐。有时候产品只不过做了一点该做的，但是对于消费者来说他会觉得是一种幸福，因为你付出了感情。

d. 留一定的想象空间

如同爱情里一样，如果天天腻在一起显然会发生矛盾从而有分歧的，摩擦必然是要生热的。所以对于企业产品来说，偶然的广告淡出反而是一种新刺激。消费者会形成各种猜测，他们会想这个产品怎么了？等风声大起，消费者的注意力都集中的时候，你的广告就可以闪亮登场了。

e. 为悦己者出新品

市场就是永远的战场，你的对手是竞品，不是消费者，所以你要充分了解消费者的要求，经过周密的调研去研发消费者更喜欢的产品，这才是对竞品最漂亮的反击。“士为知己者装死，女为悦己者整容”就是这个道理。

如何保证产品持久畅销的新鲜感？

1. **以喜闻乐见的方式去邂逅才让人觉得有趣。**
2. **暂时打断定制式的生活，给生活一份漂亮的刺激。**
3. **他觉得是一种幸福，你却不过做了一点该做的，付出了感情而已。**
4. **偶然的广告淡出反而是种刺激，人们会想这个产品怎么了？**
5. **市场是战场，对手是竞品，充分了解消费者的要求，拥有周密的研发才是漂亮的反击。**
6. **幽默显然是最漂亮的销售工具。**

f. 来点幽默

幽默显然是这个社会最漂亮的销售工具。如果企业在社会化媒体里还没有学会使用这个武器，显然是要落伍的。幽默天然不是货币，但是天然可以换回来货币。你看，郭德纲就是卖幽默的，周立波也是卖幽默的，只不过郭德纲的幽默裹着蒜皮，周立波的幽默淋了一层咖啡，但是幽默的接受者是不分高低贵贱的，快乐是每一个人都该有的。

小别胜新婚

一别后，两处闲愁话相思，纵是说三道四，却已恍惚五六年。七月风轻起，八行泪催老，九连环环环不相干，十里长亭执手相看泪眼，竟无语凝噎。百般怨，千般念，万般无奈丝丝痛，入心弦。

每一个人都有过这种入心弦的感触，无论是哪一个时代。安妮宝贝在《告别薇安》里说:“这是一个告别的时代。”我同意这种说法，是因为我们每天都在告别中，我们生来就是在告别，一天一天地接近自己的告别，每一次相遇都是久别的重逢。

几乎没有人喜欢离别，虽然我们曾经听过太多的人在说“别离，是为了下一次更好的重逢”。只是这句话骗了多少人？经年之后，我们再次重逢过吗？就算我们重逢了，谁能保证还是当时的时光当时的人，怕就怕最后都是物是人非事事休，相顾无言唯有泪千行。

年少时，别离是一枚邮票，贴在信封上邮寄到春天里。长大后，别离是一场毕业，在散伙饭在旧照片里。年老时，别离是一场挽歌，唱给自己也唱给最亲的人听。生活里，别离总是沉重而悲凉的，而在营销领域里，别离是为了暂时的空缺产生市场的强烈购买欲，是有目的地制造市场供求关系比列的失调。

通常提及这种“饥饿营销”最经典的案例莫过于苹果和小米手机带来的冲击，它们通常惯用的手段是市场强势塑造搭配低产量的生产，有意产生一种限量版的错觉，让第一部分获益的人保持了“绝对面子”，从而激发了这一部分人的炫耀感，然后对产品进行一次强有力的宣传。所以“饥饿营销”不仅可以自动地提升产品的价格，也自动地提升了产品的高额附加值。

当然，“饥饿”是有临界点的，一旦过了底线，就有可能把消费者自动推到竞争对手的怀里。很简单，这个世界上真的不是离了谁地球就不转了，消费者是要正常生活的。以手机为例，你作为一个强势的品牌，你老拿捏着老装矜持老缺货，但消费者的需求是必须的，既然他喜欢的品牌老是一副高高在上的嘴脸，那就不如退而求其次了。所以说“饥饿营销”把控得不到位很容易就让自己沦为“备胎”。

“备胎理论”在感情里是退而求其次，原有的感情寄托将不在考虑范围，而在营销理论下的备胎虽然也是退而求其次，但是对原产品却不死心，而且还会伺机甩掉现有的产品，但是也有一定的周期限制，比如现有产品出现问题后。但是这种“备胎理论”基本上存在于两三个回合内，如果消费者第二个回合依然被“饿”着，对于一些品牌意志力坚强的人来说，仍然可以坚持，第三个回合可能

就有一部分人动摇了，第四个回合基本上就开始对“饥饿营销”的产品产生抱怨了，这样基本上对原产品的喜好感就会直线下降，而对于其他的品牌则开始慢慢地培养起感情来。

饥饿营销看似很美好，但绝对是一把双刃剑。乔布斯的饥饿营销使出了“屠龙刀”的味道：苹果手机，号令天下。基本上苹果发布的每一款产品都迎来了史无前例的品牌号召力。当然，自从乔布斯病逝后，苹果的境遇有点下滑。雷军的小米倒是玩出了“倚天剑”的感觉：小米不出，谁与争锋？争锋的多了去了，HTC、三星、诺基亚，其打着粮食手机的旗号但却是饿死了很多消费者。

“饥饿营销”可以提升产品的价格，提升产品的高额附加值，它看似很美好，但绝对是一把双刃剑。一旦过了底线，就有可能把消费者自动推到竞争对手的怀里，让自己沦为“备胎”。

分手快乐，祝你快乐

梁静茹在《分手快乐》里这样唱：分手快乐，祝你快乐，你可以找到更好的，不想过冬厌倦沉重就飞去热带的岛屿游泳，分手快乐，请你快乐，挥别错的才能和对的相逢，离开旧爱像坐慢车，看透彻了心就会是晴朗的，没人能把谁的幸福没收，你发誓你会活得有笑容。

这首歌，在我第一次分手的时候，我三天的时间里听了 521 遍，无论是走着坐着睡着，或是我的 MP3 死于没电，我的播放器死于呕吐，因为我觉得这是对我曾经的爱过最好的纪念。

那些年，我想我遇见过沈佳宜，但是现在她已经为人妻。这是最好的结果，我能想到的最浪漫的事。如果不是站在今天的位置上，重新回去思考那个时代，我想我会觉得那个美好时代里我应该爱上沈佳宜然后和她在一起。而现在，最美好的爱情不是占有，而是放手。那些年，其实最美好的恋爱是暧昧期。不去点破彼此的好感，她喜欢的就是你喜欢的，你喜欢的就是她热爱的，多好，彼此没有任何的负担。她跟男生说话，你都会酸酸的醋意，你陪女孩子多走几步，她就不高兴好几天，而只要你讲一个笑话，她就当什么事都没发生。这才是你要的沈佳宜。

电影里的他们最后没有在一起，你觉得好遗憾，为什么要这样呢？因为现实里，我们最后也没有在一起，多真实。并不是谁和谁必须要在一起，不在一起就不会得到幸福。幸福这种东西都是比出来的，没有比较，就谈不上幸福与否。这些年，我们再也没有遇见，其实都挺幸福的，偶尔可以牵肠挂肚。在再遇见的咖啡厅，你看，我们有好多的美好回忆可以诉说。

彼此都是最美好的，没有隔阂没有怨言，我们都没有变，只是时间转过了春分与立夏。

我们有了各自的生活，我很少听《爱笑的眼睛》《一直很安静》。但是路过街角的咖啡厅、小服装店、快餐厅听到这些歌的时候，我还是会微笑。条件反射让记忆永不消失，于是就成了永远的刺青，只是刺在了心上而已。这些年我步入了广告行业，做了很多快消品的时候，还是会想起当时说的小情话，甚至很多时候这成了我的广告文案。这座城市的公交站牌你该遇见过，分众传媒的 LED 屏你该遇见过，这样就好。这是最好的纪念。

沈佳宜终究还是沈佳宜，有着一大群围着她转的小男生。我不需要像柯景腾用打架的方式证明我长大了，有安全感。但是我依然会在这座城市，用我的方式证明给我生命里的沈佳宜看，你看，我们各自拥有爱，也还是好朋友，难道我们不该满足和庆幸吗？

所以，分手有时候并不是一件坏事，而是你下一次美好爱情的开始，你总该要遇到最适合你的那一个人。分手延伸了太多的营销话题、营销商机，比如《失恋 33 天》成了票房黑马，而最有意思的莫过于分手蛋糕。

如果分手是两个人决定的，这是最好的决定。证明彼此之间真的没有什么可以留恋的了，那就不妨最后一起吃一个蛋糕，吃完蛋糕后天涯路各走各的边。明明很苦涩的事情突然间却变得甜蜜了，吃着分手蛋糕可以聊聊过往的事情，当最后真的不再留恋了，那就分手吧！如果觉得只是一时的任性，那么就当这个蛋糕是送给自己爱情的一个生日，吃完了擦擦嘴，然后牵着小手一起回家。

分手蛋糕这个创意在中国并不一定是情侣之间的消费品，也可以成为朋友间用来挽回朋友友情的一种消费品，当然需要区分的是，有些分手是注定的，并不是一两个蛋糕可以挽回的，而有的分手是任性的，有点小甜蜜刺激一下就是可以回来的。分手蛋糕作为蛋糕品牌博得用户感性信赖的话题确实是一个不错的点。当然，这个分手蛋糕的核心部分实际上是可以做点小文章的，比如对于那些任性分手的情侣，蛋糕的核心要不要放一个小戒指刺激一下下？你买的是蛋糕，但是其核心是一种惊喜。

“分手”对商家来说有时候并不是一件坏事，它延伸了太多的营销话题、营销商机。对于消费者，他陷入的是“分手营销”，但核心却是获得一种惊喜。

热恋

沸水煮青蛙

19世纪末，美国康奈尔大学科学家做过一个“水煮青蛙实验”。一开始科学家将青蛙放到沸腾的热水里，青蛙受不了热水的刺激而跳了出来。后来科学家找到一个容器，把青蛙放到里面，开始慢慢加热，青蛙反而优哉游哉。这个科学的结论告诉我们什么呢？这个科学实验告诉我们这不科学。有人做过同样的实验，反而热水的时候扔进去一只青蛙，青蛙瞬间就挂了，温水煮的时候反而跳出来了。这个实验最终告诉我们，一次实验的结果并不足以证明实验的准确性，只有当自己陷入到这个境界的时候，结论才是唯一的，这就好比热恋的状态。所以说热恋中人们最容易出现的症状就是犯傻。

每一个人都应该有一个犯傻的年龄，犯了是美好的回忆，没有犯是青春的一种遗憾。所以当《全城热恋》电影号准了情人节档期的脉上映的时候，再加上张学友、刘若英、谢霆锋、井柏然等老中青三代偶像明星的强势煽情，就注定是一场叫座的感动。那个时候，你走到大街小巷似乎一夜之间花店、婚纱店、影楼都齐刷刷地改了名字。接着第二年《全球热恋》又来袭了，依然新瓶装旧酒的做法，依然是俗套狗血的爱情，这显然是有备而来消费第一部片子的影响力，只是这一步跨得有点大，白白地废掉了一部《全国热恋》的片子，也许是不敢尝试，于是只能狗尾续貂一下子续到了全球。反正爱情这玩意，往前一步是狗血，退后一步小清新，再之后，没有了热恋。

热恋这玩意，你还想疯狂到多久呢？生活里不可能处处是高潮，偶尔的低谷才能显出来人生跌宕起伏的好玩。所谓电影呢，就是剪辑最美好的时光给你，而所谓爱情呢，就是柴米油盐一碗饭，你不可能像是电影那样步步小清新，步步很小资。所以，做人呢，最重要的就是认清现实，比如你现在饿不饿？我可以给你做碗面吃。

热恋是有保质期的，而且不能添加任何防腐剂，过了保质期就只能面临两种结局：要么分要么和。天下大事嘛，也不过如此，分分合合，分久必合合久必分。科学家通过研究揭示了构成爱情独特的化学成分——多巴胺。当一个人陷入这种爱情的时候，实际上跟发了疯没什么两样。随着时间的推进，这种多巴胺会越来越少，那么最后分则是必然的结果。但是如果在热恋的基础上冷却下来，加上责任、诺言、情感重新烹饪一下的话，爱情可能就会超越生理线。

12星座里白羊的热恋保质期最短，3个月吵3次架基本上就

say goodbye 了。双鱼最长可能一辈子，但他老不记得对你啥时候说过我爱你，反正稀里糊涂就是一辈子。金牛属于慢热型，半年才清楚是否爱对方，再半年才搞明白是否值得爱对方，当爱情走的时候他才恍然大悟：原来已经过了 3 年。双子座的热恋保质期基本上是忽然间，谁让双子天生人格分裂呢。巨蟹座爱了一整个青春期，抽空还抓了一只夏天的蝉。狮子的热恋一回头就是一年，而且常常陷入终结回头再开始的各种循环里。处女座要么一分钟要么一辈子，天蝎座要么半年要么半生。天秤座半年考虑是否合适半年考虑是否在一起，半年考虑是否符合老伴再半年基本上就分手了。射手座从第一天相识就奔着相爱去，但是奔不过周末爱情基本上就死了。摩羯用半年就把你当亲人了，当亲人啊！就是说爱情也死了。水瓶的热恋不定时，有时候好几天有时候纠缠好几年，有时候耗尽青春才发现水瓶还有未完成的恋爱梦。

热恋有着商家太多太多可以利用的话题，促销也是其中最现实的一个，反正促销一下又不会赔死，至于会不会赚死，这就要看怎么促销了。

“热恋”这玩意让商家有太多可以利用的话题，促销就是其中最现实的一个。促销一下不会赔死，至于会不会赚死，这就要看你怎么操作了，请利用好“热恋”的保质期。

结婚

你愿意嫁给他，无论生老病死

×××，你是否愿意娶×××为妻，按照圣经的教旨与她同住，在神面前和她结为一体，爱她、安慰她、尊重她、保护她，像你爱自己一样，不论她生病或是健康、富有或贫穷，始终忠于她，直到离开世界？

截止到现在，这句话感动了多少人？没法统计，就算没有这句话，而只是一句普通的话：你愿意嫁给他吗？想必一样可以感动很多人，爱情这种东西到了最后的仪式，有没有语言的修饰都已经无所谓了，此时无声胜有声。

结婚算是成交，合约一辈子，但是双方都有随时撤出的权利，有权利也有义务，这是最好的合作模式。婚姻似乎是女人一辈子要经营的事业，而对于男人来说他们有着比经营婚姻更迫切的事情去做。婚姻是一个简单的名词，男人需要不停地对这个名词进行各种形容词的包装，数词的包装，动词的包装，到最后，这才是我们要的婚姻。至于爱情，貌似进入婚姻的第一阶段它就已经离我们越来越远了。

婚姻对于平常人来说是一种仪式，对于明星来说是一场社会表演，而且是一场声势浩大的营销活动。那个时候，他不是一个人在结婚，他的背后有着千千万万正等待着伤心的粉丝。虽然打着低调结婚的幌子，但是媒体会带着粉丝的嘱托随风潜入夜，防不胜防。我们承认钱不能买到爱情，但是钱可以买到奢华的婚礼。

提及婚礼营销我们就不得不提一下WS婚礼，一个是商人、一个是台湾明星，他们的结合注定是媒体头条的话题，何况还是闪婚，闪婚啊！这也太惊艳媒体的胃口了。关键最主要的是婆婆居然爽快地答应了，这究竟是玩的哪一出戏呢？

首先，频频与媒体打交道的S却意外地将媒体堵在婚礼现场外，这一招“欲擒故纵”显然玩得漂亮！吊足了媒体的胃口。既然低调难掩豪门的奢华，那就不妨痛痛快快地做一场广告，反正可以省掉大笔的广告费用。各有各的算盘各自敲打得梆梆直响，俏江南要进军台湾市场，自然少不了借用大S的人气，新婚晚宴的美食也是由俏江南出面邀请顶级大厨精心炮制，这是多么用心良苦的“试吃营销”。与其说是一场婚礼，倒不如说成一场借着婚礼做得漂亮的事件营销。

第二，尽管大陆媒体被拒之门外，但是千防万防，哥们难防。张朝阳的搜狐微博没有抢到最佳的发力点，尽管放出豪言推广搜狐微博上不封顶，但是毕竟落后得太多了，那个时候新浪已经坐拥明星资源，尽收注册量了。于是张朝阳的小手机这一刻突然灵魂附体，神不知鬼不晓地将婚礼的一些图片发到了搜狐微博，这一下不得了了，炸锅了。各种闹，兄弟情要翻脸什么的简直弱爆了。娱乐媒体各种头条大版，硬生生的，张朝阳的搜狐微博傍上了 WS 的婚礼末班车。

明星婚礼就是媒体镁光灯的聚焦点，那么其中最大的一个点：酒店，自然不能忘记搭一下顺风车喽！免费赞助，无所谓，接下来是有着享不尽的明星效应的。你的婚礼越是保密，媒体就越是有兴趣，酒店稍微就那么嘴风一透，各种长枪短炮立马驾到，鸟瞰图、细节图、室内图、偷拍图，比旅游网站详尽千百倍，最重要的是传统媒体网络媒体给你各种你想不到的板块，大篇幅的报道。这比正常的广告刊登能省下多少白花花的银子啊！用一次赞助换来名声大振，简直太划算了，而且 WS 婚房的布置现在还一直保留着，多好的招牌多好的营销辅料啊！想想这些老板都会梦里乐起来。

“婚礼营销”是一场社会表演，一场声势浩大的借着婚礼做得漂亮的事件营销。有了媒体镁光灯的聚焦点，千万不能忘记搭一下顺风车。用一次赞助换来名声大振，享不尽的明星效应，这简直太划算了。

离婚

一失足成千古恨

曾经有人戏言：你若不离，我便不娶。而实际上，离婚里有七成人会后悔。离婚意味着对自己过往生活的一种否定，坦白点说，就是你之前的人生基本上废掉了。当然有些离婚是明智的，是一种觉悟的体现，但是大多数离婚实际上是错误的，为什么？

婚姻就好比一部新车，你买来的时候，各种硬件需要不停地磨合，只有过了磨合期车才会开起来越来越顺手，而很多的婚姻走上了离婚这条路，实际上是没有过磨合期的。实际上你的婚姻最终会走向什么境地，自己是可以说了算的。

不过，明星一离婚有外遇感情不和则出轨照满天飞，此时我们就该高兴得锣鼓喧天了，因为过不了多久我们就将会看到一部漂亮的影片了，就算是《泰囧》这样的票房黑马，我们都依然看到了所谓媒体捕捉到的徐铮搂小姑娘腰的照片。离婚对于明星来说是一张王牌营销杀手锏，可以捕风捉影地用，可以假戏真做地用，总之，用得好身价倍增，就算是用得不好也至少能博个三五头条。

我们曾经以为的爱情楷模，到最后在娱乐圈都变成一段故事，一场比电影更精彩的故事，这个故事承接了太多太多的东西，当然以营销的目的更居多一些。每一出离婚事件都暗藏了有意思的宣传点。

董洁和潘粤明让地球人大跌眼镜，惊呼不再相信爱情，谢霆锋和张柏芝一波三折的离婚可谓各自赚尽人气，马雅舒离开吴奇隆，到后来我们惊呼《新白发魔女传》四爷遇见马苏的时候，以为会有点小惊喜，因为马雅舒发音如果速度太快就成了马苏。姚晨与凌潇肃用了十一年时间离了一个惊天地泣鬼神的婚，谁让姚晨是微博女王呢，面对千万粉丝如何交代？要不是《中国好声音》的直线蹿红，我们差点就忘记了果断神秘离婚的庾澄庆和伊能静，到最后能澄清下来的爱情必然是能静的爱情。这些明星的爱情碎了，但是他们的事业却都能如日中天，这就是离婚带来的品牌效应，大家对于他们爱情的惋惜反而成了他们励志的标签。

品牌却不能跟消费者大玩“离婚”这种毁灭性五颗星杀伤性五颗星的营销模式，因为一旦离得惊心动魄，那就是一场大危机，是祸躲不过。你看，当年所谓的三聚氰胺就玩死了一个品牌。消费者经受不了这种大规模性的荼毒，所以只能绕道为安。这一点上尤其是食品行业的品牌，最经受不住这种小问题引发的“离婚”事件，因为你只要伤害消费者一次，他们原谅你的机会就太小了。品牌的背后目的是消费产品，产品好才是王道，徒有的虚名并不能为产品带来什么实质性的改变。相反，明星则不同，无论是正面负面，对于明星来说都是一次营销的机会，网民就怕娱乐圈不发生狗血事件，这样就没有了娱乐谈资。你看，就算网络红人也好，芙蓉姐姐以雷人走进了网友视野，最后却通过减肥摇身一变成“励志姐”，凤姐当时的征婚可谓雷倒众生，却飘忽到美国，尽管做起了足疗，却不妨碍变成一张“励志牌”。

这就是品牌与人的差距，人不怕出名猪却怕壮，自然生存也无非这些道道。人越红其产生的商业价值就越高，包括负面信息对抢眼球的利用（理论上如此），而产品利用负面信息想博得一个满堂彩，搞不好则会吃鱼不成反弄一身腥，偷鸡不成反丢一把米。品牌没事千万别玩这种心跳。

品牌利用负面信息想博得一个满堂彩，搞不好就会偷鸡不成蚀把米，一旦“离”得惊心动魄，那就是一场大危机。请记住，只要伤害消费者一次，他们原谅你的机会就太小了。

07

其实我只是哭了而已

•感动你的受众•

每一个人每一天都在cosplay，至于你喜不喜欢，有些时候你说了并不算，而取决于你生活的世界。所以品牌要的就是在消费者的世界找到他的角色，摘掉他的面具，直抵他的内心。

我年少的时代吃过了太多的桃子，我吃的桃子比你走的桥还要多，无论是从形状上、种类上，都吃了太多太多。

喜

人生四大喜，不是四喜丸子

喜，中国汉字。中国汉字最大的一个特点就是讲究，它从来不是一些笔画无意义的穿插，在每一个中国汉字的背后都有一个你看不见的故事。喜，笔画 12。12 是一个人生的小轮回，从子鼠到亥猪，60 一花甲人生大洗牌。当一个医生对一个女人说：恭喜你，你有喜了。这就是一个人生的轮回。所以，喜是一种可以超越人生的愉悦。

喜，是人生的一个很重要的字。通常人们在喜的烘托下更容易更愿意支出，比如大过年送压岁钱、结婚随份子钱、喜事送礼。所以营造一种喜庆的氛围是销售的一个美好前提。

对于一个企业来说，如何塑造这种“喜”的氛围呢？最基础的莫过于开业大吉，周年庆典，但是通常这类的氛围就是一个形式，除了声音轰动一下，并不能产生实体的效益。有时候你看到这类的店庆就是门口扯一个大气球，尤其商场的这种店庆形式最普遍，而且这种形式也最乡村气息。当然，在农村这种敲锣打鼓的形式反而更容易聚集人群，农村缺的就是热闹，而城市则不同。所以到最后沦为为什么花了钱最后却没有产生想要的效果的疑问。

以周年庆典为例来规划营销策略，我们首先要明白的一个问题就是，这个周年庆典要传达的主题是什么。这个很关键，直接关系到整个周年庆的活动特性。比如“感恩十年，传承经典”就以产品促销为主题，以此传递品牌的经典属性。通常的周年庆典都是以感恩消费者为主题，当然我们也可以以品牌自身的历程作为营销点，比如“十年历练，铸就辉煌”。这类的点最多就是线下弄几个大气球扯几个横幅就OK了，根本不足以形成我们想要的影响力。

我们想要的影响力，必然是万树开花。所以以上那种传统的店庆模式必然要暂时放到一边，让我们来规划一次有意思有创意的店庆活动吧！对于一个想要新奇刺激店庆活动的商家来说，首先要舍得了孩子才能套得住狼，舍得了人民币才能赚得杯盆满溢。一次具有事件爆发点的周年店庆必然要经得起娱乐的传播，没有娱乐点显然不足以成为茶余饭后的谈资。

所以接下来我们要做三件事：设悬疑、播悬疑、揭谜底。这一点上汰渍洗衣粉做得就很好，借助世界末日玩了一次“免费吃三天流水席”，连陈光标都躺枪。它通过报纸广告这种最具影响力的传统媒体去吸引最可能的受众传统家庭主妇，同时利用报纸的传统信赖力设下了一个悬疑，让人们开始猜测。

周年庆第一步：设悬疑。以城市为核心的悬疑玩法，我们可以走“天气营销”和“快闪”路线，比如大型商场的店庆，我们的目的就是为了感恩回馈消费者，那么我们就要找出一批回馈给客户的产品，比如我们可以设下“晴天8折、下雨半价”的口号，目的就是让消费者看到实惠。第二种是吸引媒体的一种做法，或者叫做提前公关媒体，比如准备好上千个玩偶，把我们将要传递的信息植入到玩偶里面，找这座城市最繁华的地段制高点，然后一股脑地撒下去，城市安静的生活需要这种突如其来的刺激，这种“喜从天降”的感觉很好，如果每一个玩偶里面再配上有意思的文案，我们就不愁这个事件满天飞了。

第二步：播悬疑。无论是怎样的活动或者创意都是需要传播的，只有传播才能更好地让活动达到更多的人认知的程度。传播需要技巧，那就是传统媒体主打信任，新媒体主打口碑，最终要本地爆发，半径内辐射。比如第一步积累的图片、视频资料就是我们传播过程中很好的素材。

第三步：揭谜底。当人们因为我们最初散播的好奇而被吸引而来的时候，我们就可以大张旗鼓地促销了。

当然这只是一个执行的过程，我们最初还是要确定活动事件营销的主题，不能仅为了促销而促销，这是对品牌最大的不负责任，因为周年庆对于品牌有着更深层次的意义。

周年庆对于品牌来讲有更深层次的意义，想要的影响力，必然是万树开花。一次具有事件爆发点的周年店庆必须经得起娱乐的传播，没有娱乐点显然不足以成为茶余饭后的谈资。

怒

生气是拿别人的错误惩罚自己

当一个人发怒的时候，他的心就变成了情绪的奴隶，情绪会轻而易举地操纵他的各种举措。问一个简单的问题，你活到现在一共发怒过多少次？你还记得每一次发怒的原因吗？要不是有一次尤为刻骨铭心对我们心理产生了冲击，我们是不可能记得每一次发怒的原因的。我现在回头想想，似乎我发怒的时候太少了，基本上没有，最多就是到了生气这个地步。

当某些事，就算你当时气愤不已以致发火，到最后回头想想也会觉得那又能怎么样呢？气愤暴怒发火并不是解决问题的办法，但是这并不妨碍“愤怒”会成为我们一种新的“营销手段”，而“愤怒”这一点显然又被苹果很好地利用起来，形成了一次另类而有趣的营销。

如今无论你混迹于哪一类的活动，但凡是带奖品的，要是没有个 iPhone、iPad 撑场面都不好意思聚人，而 iPhone 如今也彻底地沦为街机、商家促销的王牌主力军。不过之前有消息称：苹果要求

iPad、iPhone 以及 iPhone 礼品卡等不得用于第三方促销活动，禁止“免费”字样与苹果产品挂钩，所有与苹果产品促销相关的营销材料都得交给苹果审核。这些迹象表明“苹果终于愤怒了”，但是愤怒归愤怒，这个第三方促销又该如何界定呢？

倒是通过苹果的这一另类要求，我们更清晰地明白了 4 件事：①苹果产品很受欢迎，而且已经到了街机地步，没有苹果产品的你显然已经太太落伍了。②拒绝免费字眼促销与苹果的搭配，表明苹果是高端的血统。③这一高调的愤怒更像是一次免责声明，就算是消费者参与活动，赢得了苹果产品出现了意外，那么请找活动商，与我无关。④这是间接告诉你，促销为什么不用苹果产品呢？倍儿有面子的。

苹果这一愤怒相当的高明，看似生气了，实在踩着各类商家促销的小步伐，一石击中了四鸟，而且都是疯狂促销的小鸟，不费吹灰之力为自己博得了一次另类有趣营销的机会。

当然，愤怒的还有神州租车的老陆，2012 年 12 月 04 日，微博认证资料为“神州租车董事局主席兼首席执行官”的微博账号“陆正耀”连续发布数条微博，称遭到竞争对手“没完没了的水军攻击、伪装成客户直接向媒体爆料”，甚至“买广告发负面”，并表示“怒了”。愤怒的发飙显然是网友最喜欢看到的，中国人就是不怕事大。

当愤怒的文案加上精致的配图以及各类营销大号参与的时候，我们突然发现，这事有点蹊跷啊！这貌似是一场自导自演的微博秀啊！这是不是一次有预谋的微博营销事件？这一点上某电商的刘老板也玩过类似的，假装与办公室女同事发生暧昧，发生了一场阳台爱情故事，而随后却是华丽丽的促销啊！是不是我们被营销了？

当《王的盛宴》上映前遭遇水军围攻的时候，陆川显然选错了公关的手段，以毒攻毒显然是最差的营销战术，当自己蹚了这趟浑水就甭指望洗白白了。当《王的盛宴》紧急召集水军维护口碑的时候，我似乎听到这部历史系最后的呐喊消失在茫茫的网海里。到最后，陆川的愤怒显然是不能给《王的盛宴》加分的，而之后，当我作为一个观众去看《王的盛宴》的时候，也确实发现，做影片内容是王道，宣传是辅料，如果这两点颠倒了，那么就别怪观众不给好脸了，没有人愿意花十几块钱去电影院睡一觉。到最后我真心觉得，《王的盛宴》里，尼古拉斯・凯奇和莱昂纳多的对手戏不错，碧昂丝最后吻詹姆斯・邦德的那一刻简直是影片的高潮。

气愤暴怒发火并不是解决问题的办法，但这并不妨碍“愤怒”会成为我们一种新的营销手段，愤怒的发飙显然是网友最喜欢看到的。当愤怒的文案加上精致的配图以及各类营销大号的参与时，是不是有人开始被营销了？

忧

人无远虑必有近忧

你最近有什么忧愁的事情吗？某人说："有，我最忧愁的事就是为什么不能挣大钱。"我问："这个问题你能解决吗？"他说："解决不了。"既然解决不了，那你有什么好忧愁的，矫情。他转念一想："能。"既然能，你有什么好忧愁的？矫情。所以，忧愁这个词，就是用来给生活矫情一把的。

我的好朋友葛二毛最大的忧愁就是每一个节假日，一旦回家就被各种亲戚问有对象吗？有女朋友吗？这种难度系数五颗星的问题一直让葛二毛很纠结。他曾经找我探讨这个问题如何回答才略显大智，我告诉他如果没有遇见自己的另一半，这个问题怎么回答就算大智也是若愚。

后来的一段时间，我告诉葛二毛，找一个身边的踏实的女子就可以了。他说："你看，我要不要去参加《非诚勿扰》？"我说："你有宝马吗？"他说没有。我说：这样人家姑娘哭都没地哭。你为什么不找一个身边踏实的能够过日子的，非要到《非诚勿扰》找一个你驾驭不了，而且有可能半夜取了你首级的姑娘呢？

有些品牌注定命理是忧伤的，无论经历了怎样的大起大落最后都要回归到平静的。你看，曾经疯狂一时的“五谷道场”，最后却成了中粮的下属品牌。每一个品牌都有自己最后的疯狂与忧伤，这一点只有创始人懂，消费者未必懂。

当年的五谷道场华山论方便面，一刀切下了一个“非油炸”的空白市场，新概念带来了惊喜也注定了是一场市场的厮杀，要知道有多少方便面都是油炸的。这等于一个人独自扛把刀挑战小弟成千上万的黑老大。这种凌空一刀的切法想要有效并能站住脚，那么只能通过疯狂的市场教育，“非油炸，更健康”的口号更是要喊得声势恢宏，这样自然会从方便面的传统市场里突围出来，但是这一喊，也意味着与各位方便面英雄好汉结下梁子。王中旺的粗放剽悍确实震惊了整个方便面市场，2005 年设赌局，2006 年发力 8970 万元砸向央视，2007 年因为广告费与广告代理商对簿公堂，王中旺只用 2 亿元就转动了一个全国性的盘子，而最后起于疯狂，死于忧伤。

这是一个品牌的忧伤，更是一种博弈的忧伤。市场博弈时遇见空白市场想来是极好的，但是并不是每一个空白市场都是机遇，有些必然是危机四伏的。像是五谷道场的做法，显然是下了行业战书，试图利用“非油炸”的概念赢得消费者对健康的重视以及对整个行业的颠覆，这种容易群起而攻之的做法，一方面要大资金广告教育市场，一方面要抵制住竞争对手的压力，必然让自己腹背受敌，以致终于招致了一个忧伤的下场。

而市场上现在依然有这种一刀切的营销策略，比如感冒药，当我们习惯白天吃白片晚上吃黑片的时候，就已经注定企业会选择单一的市场进行二次开发，比如专门针对夜间的感冒药。这种一刀切的策略显然不同于五谷道场的做法，五谷道场是切出空白市场，而感冒药是原有市场的细分化。都是一刀切，命运却有如此大的差距，这就是市场的残酷。

市场博弈时遇见空白市场想来是极好的，但并不是每一个空白市场都是机遇，有些必然是危机四伏。

思

思念是一种病

思念是一种病，当然这更体现在思念水饺上。但是更多意义上，思念是一种状态，我们每一个人都曾经有过，古诗里说：每逢佳节倍思亲。当每逢佳节的时候淘宝的店家更思念亲，亲多买点吧！亲，节日促销包邮哦！亲，节日半价买一送一超实惠哦！

思念绝对是一个绝佳的促销词。一旦带上思念的标签，整个人情味就立马十足了。谁的内心里不曾思念过一个人，站在来路上的或者站在去路上的。尤其是“遥知兄弟登高处，遍插茱萸少一人喝酒”的时候，这个时候就更显思念的价值了。李清照思念赵明诚，所以常记溪亭日暮，寻寻觅觅冷冷清清凄凄惨惨戚戚，然后沉醉不知归路。李商隐问归期未有期，巴山夜雨一夜涨满秋池。你看，思念果然是好东西，它几乎是词人世界里的标配。

当一个人拥有了思念之后，就开始变成诗人了。所以通常打着思念的旗号会让整个活动显得诗韵十足，而且意境十足。这类以思念为主的活动以节日打头的居多，比如清明、端午、中秋。

很多时候，我们觉得跟那些古人没有什么关系，穿越电视剧本来就是娱乐的，但是他们确实影响了我们的生活、学习。比如屈原，我们对他恨之入骨却爱得深切，因为他，我们不停地奔波于各种试卷去了解他写《离骚》的心情，其实你战国末期的思绪我共和国的心哪能理解得了。不过因为他，我们有了爽到无极限的三天假期，这一点上，屈原做出的贡献大家还是有目共睹的。

谈及以思念为主题的节日营销，我们就不得不提及人类千百年来一直在维系的一种关系：情。基于社会化媒体营销，情更是传播速度的保障，情更是整个营销策略的基调。我们希望通过这样一次人文关怀发掘人们内心深处那些久久不能忘记的感动。比如清明节对烈士的追思是一次正能量的延伸，这一点我们能理解，但端午节居然是为了纪念跳河，中秋节居然是为了纪念一个偷月饼的姑娘，这简直太毁三观了。就算是这种天马行空的节日，在中国居然也一跃龙门成了商家促销的主力军。你看看，除了这两个节日谁没事老见到粽子，又不是盗墓；谁没事天天啃月饼，对着月亮又不能等一个林妹妹从天上掉下来。

既然如此，我们就不妨换一种方式遥寄思念，这就是最近一两年走红网络的：微家书。当“微”概念迅速卷入我们的生活的时候，短信这个字眼似乎不大在生活里出现了，有事没事微博一下@一下，甚至连拜年这种传统的节日观都来到了“微阵地”。

微家书的概念显然是最流行的一种思念烘托气氛的活动，更容易带动网友的自行参与，同样也可以互动网友之间不同的思念，每一种思念都是史无前例不可复制的，所以每一个思念都有被纪念的意义，就凭这一点，思念就是一个好的促销词。

当然，另一种意义上的营销方式也就是视频短片，无论是真人故事还是动画，这一种方式选准了一个要发挥的主题，大力渲染气氛合理软植入，绝对是一种有意思的品牌形象塑造的机会，切忌单纯为了推广产品而营销，节日性情绪反感会加倍对品牌的厌恶。所以不妨多为消费者想想他们心里的故事，找一个合理的理由和合适的镜头再出现我们的产品或者产品文化、精神等。

节日营销用得好，一箭双雕。用得不好，惹祸上身。思念本来就是如此，太深伤身，太浅无意。

节日营销用得好，一箭双雕；用不好，惹祸上身。切忌单纯为了推广产品而营销，节日性情绪反感会加倍人们对品牌的厌恶。所以，不妨多想想消费者心里的故事，找一个合适的理由、合适的镜头再出现我们的产品文化和精神。

悲

化悲痛为食量，你可能哭早了

每一个人对付悲伤的方法都不相同，我见过多数的女生对因失恋产生的悲伤，多数会采用“吃”这种半暴力的应对策略。我有一个女性朋友，失恋的33天里，庆幸的是“大姨妈”来了，不庆幸的是她对电子秤的施压行为让电子秤不高兴了，那指数蹭蹭地往上蹿，那个时候我觉得一个女生一个月长20斤肉简直是一种超能力，自此后，我的生命里再也没有遇到过这种奇女子。

当然搞笑的一点是，我还有一个女性朋友，这个女性的朋友在之前与我的关系是没有“性”的。对，是女性朋友这个四字的词组里没有“性”的。她失恋的时候我陪了她大约两周的时间她才缓过神，几乎陪她失恋的日子是我一生中最美好的日子，她显然与我之前的女性朋友有着天壤之别，她属于绝食的那种类型，那一段日子她瘦了十几斤。

失恋对于一个女人来说，要么是一所学校要么是一家健身机构。当然借钱也是一家机构，它可以迅速地让你知道你究竟有多少个朋友。有时候大家吃吃喝喝玩玩乐乐，但是到关键时候未必能够表现得大度。这是一个有趣的实验，一旦测试了就意味着你终于开始认清自己了。

我翻遍电话簿，找了10个觉得最最好的朋友，有同事有同学，还有一个是因为甲方变成朋友的。我没有一个一个地去拨电话，我怕电话里会让人觉得尴尬，而是群发了一条短信。短信群发之后，我陷入了一种纠结的境地，我为什么这么亲手毁掉自己的圈子呢？如果没有这些短信，我们的生活还会像之前一样，而现在当短信从一个客户端到另一个客户端的时候，基本上关系要报废了。

短信发出去的一分钟之内，张小蛋回过来电话问:“你出啥事了？”我说:“钱垫到我推广的方案里了，赶上弟弟结婚我要随一个份子钱。”张小蛋说:“把账号发我手机，我开完会给你打过去，20分钟吧！”大约半个小时过去了，我的账号里多了2000块钱。

葛二毛是在下午4点多的时候给我回的电话，他说我在外地呢，附近只有工行，给我卡号，我现在打给你。我很是诧异:你怎么不问我什么用啊？葛二毛笑着说:谁还没有一个揭不开锅的时候。其实那个时候我特想哭，无论是站在爷们还是娘们的视角里，我觉得如果我是一个姑娘，我一定会嫁给葛二毛。

这是我生命中很重要的两个哥们，我们相识快4个年头了。这次试验更加笃定了我的信念，有些人天生注定就是一辈子的。当然，令我感动的还有一个，就是我的一个甲方，她给我打电话的时候一个劲地问2000够不够，说不够你就直说。弄得我有点内疚，我怕我坚持不住会告诉她我的这个试验。下午两点多我们在星巴克讨论新一季的营销方案的时候，她借给我 3000 块钱，我说我给你写一个借条。她说少来了，要不你给我开一张发票吧！然后她就大笑起来，我觉得那天下午那个笑声是我听到的最美的笑声。

后来一些结果跟意料中的一样，各种理由，像极了对同一个品牌的不同 USP（核心卖点）的挖掘，最搞笑的一个是说："别玩了，你是不是测试着玩呢？我早看过那条微博了。"我很认真地说我真的是急用。然后他说："你稍等我一个电话打进来了，一会打给你。"到现在，我一直没有接到这个电话。

网上说，帮助你的人永远会帮助你，你帮助的人未必会帮助你。这就是最大的悲哀，人就是习惯索取而忘记给予的。我之前看到过新闻，出租车为救人闯红灯，打车的却拒绝作证。悲伤这种心态，只有我们真的遇到了才会觉得离自己很近，品牌打这种苦情牌，一定要站在给予的角度，而不是索取，这种跟人生的态度有点背离，但是现实就是这样，消费者不可能花大价钱买一个他觉得不值的东西，而人却可以不计较值不值，而会计较做与不做，好关系都是处出来的，人心隔肚皮，日久见人心。

当悲伤的时候，未必要哭，再坚持一下下，说不定否极泰来，你有可能哭早了。

"悲伤"这种心态，真的遇到了才觉得离自己很近。品牌打这种苦情牌，一定要站在给予的角度，而不是索取。现实就是这样，消费者不可能花大价钱买一个他觉得不值的东西。

恐

你害怕是因为你“心里有鬼”

你生命里最让你害怕的一件事是什么？害怕后，你做了什么？这是一种很有意思的心态。越是让我们害怕的东西实际上越让我们产生好奇心，好奇害死猫，所以从小到大你到底害死了多少只猫？按照数学的理论和童话的结合，你最终害死的猫的数量要除以 9 才是你实际弄死的猫数量，因为猫有 9 条命。

这个理论好复杂，假设你害死 180 条猫命，意味着你实际上杀死了 20 只猫。当然我们接下来说的数据可能更庞大更复杂一些，所以麻烦打开脑门的天窗好好跟着思考一下。

人的一生会得 3265 种不同的疾病，比如流行性病毒感冒、非典、猪流感、禽流感、耳鸣、耳聋、艾滋病、青光眼、眼疾、口腔溃疡、口吃、心脏病、高血压、高血脂、高血糖、低血压、低血脂、低血糖、肺癌、肝癌、甲肝、乙肝、心肌梗死、心律不齐、阑尾炎、盲肠炎、骨折、脑瘤、麻疹、手足口病、心理健康、失眠等等等等，也许你会因为其中的某一个细项而突然死掉，所以人生生来就是陷入各种疾病的困扰中的，我们需要不同程度地增加抵抗力去战胜这些病毒。当然战胜这些疾病最好的方法就是购买保险。没错，购买保险是一条对自己有百利而无一害的做法。当然我们也可以通过吃各种保健品来保证健康的未来。

读到这里，你是否明白了一点信息呢？没错，这是一个赤裸裸的恐吓陷阱，人吃五谷杂粮，自有生老病死，这是生命的轮回，无从改变。但是商家却可以利用这种“恐”以达到销售的目的。

比如“某某机构调研，全国有 1 亿人口缺钙”，“某某机构调研，全国有 1 亿人口缺维生素 A”，“某某机构调研，高血压正在侵袭 90% 以上的中老年人”，“某某机构调研，糖尿病职场发病率增至 70%”，这一系列的数据背后是一场场赤裸裸的商业营销战，为什么这些数据如此的让人害怕呢？

纵观近些年来的保健品市场，恐吓营销比比皆是，用得好赚得天翻地覆，人们买的就是一个放心，图的就是一个安稳。恐吓营销只要三步就能让大多数人从容缴械，不是因为人们太傻不愿意去思考这个问题的本质，而是在一切后果先摆到面前的时候，人们最先丧失了思考的能力，而商家正是利用三步小技巧让概念深入人心。

a. 对号入座

通常的公关软文里面会有一系列的症状，你老是觉得怎么就像你看的星座书一样，样样都符合自己呢？是不是自己最近出什么毛病了？怎么老觉得精神恍惚、身体无力、眼神迷离、反应迟钝、记忆力下降之类的？事实是没事的，亲，你只不过熬夜刷微博刷得有点猛了，血压有点低了。但是保健品的公关软文则告诉你：亲，你这是缺钙啊！你从小缺钙长大缺爱啊！你得补啊！一旦你觉得对号了，那么就座吧！后面还有一个瓮等你呢。

b.请君入瓮

所谓的保健医生会告诉你，亲，你得好好休息，先来一两个疗程吧！这个见效快，但是你需要长期的调理。你想想也对，生活压力这么大，是该好好休息好好调理了，就索性来两个疗程吧！两个疗程后，你神清气爽，刷微博也有劲了，发微信也带劲了。你觉得这个保健品就是好，然后你就住在了瓮里，偶尔抬头望望瓮口的天：这天真好，都是蓝的。

c.情感逼供

当你在瓮里生活得有滋有味，这个时候保健医生会说：聪明的妈妈，你没发现最近你的儿子学习下滑了吗？你没有发现你老人突然健忘了吗？这是缺钙啊！抓紧补钙才是王道！千万别让孩子输在起跑线上，千万别让老人躺在失望痛苦的边缘，买吧！两个疗程，见效！

女人怕老、富人怕死、老百姓怕生病，只要“怕”永不消失，“恐吓”营销就永远存在，市场决定生命力。

生老病死，生命轮回，无从改变，但商家却可以利用这种“恐”达到销售的目的，用得好能让大多数人从容缴械，赚得天翻地覆。女人怕老，富人怕死，老百姓怕生病，只要“怕”不消失，“恐吓”营销就永远存在，市场才能决定生命力。

惊悚片是恋爱的最佳拍档

北京 PM2.5 指数爆表，那些以北京户口自豪的兄弟姐妹们只能“厚德载雾，自强不吸”的时候，我才终于体会到“惊”这个汉字原来是“预测帝”，所以“惊”这种感觉只有在北京经历了“北京咳”的你才懂得。

恋爱的时候，最开始遇见一个人是“惊喜”，随后跟他结婚才发现生活的“惊奇”，所以“惊”这种东西有时候不只“受”，还可以“吃”。我“受惊”的是这个世界变化太快，我“吃惊”的是尽管变化太快，但是你爱一个人依然能以不变应万变，这才是这个世界的正能量。

但是，有时候“惊”跑到了广告的行业里就有点“悚”了，国内玩“惊悚营销”最有意思最会借势的莫过于清华同方搭乘中国好声音列车，以吴莫愁和李代沫为核心的平面广告。

黑色的背景，鲜红的嘴唇，鬼魅的表情……这并不是恐怖电影的宣传海报，而是清华同方的一则广告，同时微博爆料出“5 岁儿童被吴莫愁惊悚海报吓哭”等事件，这一惊悚恐怖的广告确实为清华同方博得了更多的眼球，实现了广告的最大化轰炸效应。不讲广告效果好不好，单就同样的广告性价比下产生了更大化的广告效应，在事件营销的目的下，这似乎就成功了。

如果没有小孩吓哭事件的发酵传播，可能这则平面广告最多就是增加了城市的一些墙皮地铁风景而已，而正是因为有了事件的辅助，广告的辐射力更强了。这样的事情实际在美国大选时奥巴马和罗姆尼竞选演讲的广告时期也发生过，当时就有美国的小朋友哭着说：我受够了奥巴马和罗姆尼！

“惊悚”广告形式上我们可能还有待思考，但是广告的传播策略确实可以让我们借鉴很多东西。这一点之前的赶集网也尝试过，而且也成功了，毕竟线下线上同步互动才能更好地发挥广告的价值，那就是线下栽树线上开花的模式。

分类信息网站风投注资，这个钱怎么花？赶集网几乎做了一个不可复制的营销模式，一个生生用钱和创意砸出来的营销模式：姚晨代言，儿童烘托的赶集网 TVC 广告。广告一推出即遭到竞争对手的软文营销攻击，互联网不会同情你的投入，于是一场关于“赶驴”的危机公关就此展开了。原来一场规模浩大的线下宣传，愣是被一头驴拉回了线上，真正实现了赶集网 IP 和 PV 以及口碑的迅速增加，而百姓网则把握良机打造了“赶驴网”，分了赶集网的一杯羹，它分羹的同时，实际上也是为赶集网开启了线上的广告效应，赶驴的影响毕竟是短暂的，而线上的营销对于赶集来说，才刚刚开始。

如果对于一个要处处维护美誉度的品牌来说，这显然是一次惹祸上身的危机，但是对于一个新品，玩一把个性营销，瞬间挤入消费者心智，这显然是一次成功的预谋事件。没有选择养眼的美女打打不痛不痒的广告，而是选择了话题女星，这显然最初就是奔着个性去的，所以当广告的效应在无限制无节操的传播过程中，产品有了更深层次的渗透，到最后结果未必是坏的，就像当年“恒源祥羊羊羊鼠鼠鼠”的恶俗广告一样，另类营销显然是四两拨千斤的好技巧，何况人们已经在无所谓的态度下接受了广告的异类，毕竟人们在购买的过程中，在脑海里已经闪现出这个品牌了，何况吴莫愁的影响力是“国际的”，她还是簇拥了很多粉丝的。

有时候“惊”跑到了广告行业里就有点“悚”了。对于一个要处处维护美誉度的品牌来说，这显然是一次惹祸上身的危机。但对于新品，玩一把个性营销，瞬间挤入消费者心智，这便是一次成功的预谋事件。

舌尖上思考人生

你之前有没有想过你的舌尖上住着天使还是恶魔？当你对一个你喜欢的人说一些甜言蜜语的时候，你的舌尖是天使在掌管，当你因愤怒去谩骂一个人的时候，此时你的舌尖成了魔鬼的帮凶。至于你想让谁来统治你的舌尖，这完全取决于你自己的内心。

我曾经试着想用一种正能量去影响一些人的生活，去造一些可以实现的梦想，让他们快乐的同时觉得原来生活是如此的美好，然后我就开了一个新浪微博 @ 柒个先生，那个时候我变成了一个造梦师，我觉得这个职业真好。

然后我研究那些 @ 我的人，从他们的第一条微博开始，我发现了一个秘密。每一个人内心其实都藏了一点小秘密，这些秘密里有丧失的勇气，有敢想却不敢去做的梦想，然后我会用最接近现实的方式去告诉他们该怎么去做。不过我只选择了一个主题：爱情。爱情这个字眼读起来都是温暖的，只有这种温暖的力量才会轻而易举地改变一个人，拥有一种向上的张力。

一开始有人觉得我是算命的，是因为他们发现那些零碎的140字里面有着与他们惊人类似的东西。而实际上我只不过综合了他们最近一年发生的故事，当这个故事开展的时候实际上融合了他们的衣食住行、性格行为习惯等，每一个人都有一些你站在自己的世界里不知道的事，而在旁人的眼光里，这些却更加地透明。所以爱情，本该有酸甜苦辣，但是在别人的世界里则又是另一番滋味。

这就是品牌的问题，在消费者的世界里会自动标榜各种味道，不同的时期不同的年龄层次有着不同的解读，因为对于某一个产品他们更愿意去绑定自己的故事。食品行业更需要这种“酸甜苦辣”的市场刺激，这不仅仅是对口感的一次挑战，也是对受众习惯的一种挑战。

酸：心酸，不止每一个企业都有，每一个人也都有不同的理解。而这种心酸更能产生一种细腻的共鸣。比如以春运为主题的营销事件更容易突出心酸的回家路，而这个时候更是体现品牌社会责任感的时候，这样的心酸营销更能撬动消费者内心里一根脆弱的神经。“摩托车队”“自行车队”这种声势浩大的回家路不止是悲壮，更是一种精神：缺你的地方不叫家。

甜：中国有着庞大的婚庆市场，这是一条甜蜜的产业链。当邂逅品牌变成邂逅浪漫的体验，那么没有理由不被感动，女人一生为的就是这一天的绽放。于是有了打着爱情密码旗号的情侣生活创意店，甚至有的汽车品牌也塑造了一个专属的“结婚礼物”。反正甜蜜的钱笑着就挣来了。想想现在中国主流的电视节目，以“相亲”

为主题的栏目分了电视市场很大的收视率，这就是甜蜜，你没有理由拒绝。

苦（哭）：你不止一次地看到过让你潸然泪下的视频，几乎这样的视频 90% 以上都是隐藏广告的视频。你读懂了故事也就读懂了故事背后的品牌精神和广告的内涵。法国最大的保险公司 AXA 的新贷款计划就玩了这样一场“哭”的营销，他们把一个房子设计成了哭泣的模样，这一好奇的举措吸引了大量民众和媒体的关注。没过多久哭脸变笑脸，广告的用心就明显了，人们会心一笑，原来如此。

辣：如果你只吃过鸡翅或者麻辣鸡翅，显然这样的人生是不完整的，不够刺激。英国一家餐馆推出了“挑战变态辣鸡翅”活动。参赛者需要吞下的是用全球最辣辣椒做成的鸡翅，其辣度是普通辣椒的 250 倍，该鸡翅也被称为世界上最辣的鸡翅。10 分钟 6 个鸡翅，不能喝水。爽不爽？假设挑战成功了可以享受 5 年内免费吃霸王餐的待遇，给不给力？

酸甜苦辣的待遇刺激的不仅仅是舌尖，更是你的人生。

品牌在消费者的世界里会自动标榜各种味道，不同的时期、不同的年龄层次自有不同的解读，对于某一个产品他们更愿意去绑定自己的故事。“酸甜苦辣”的待遇刺激的不仅仅是舌尖，更是消费者的人生。

生旦净末丑

你是谁，摘下面具来才知道

无论你信不信，活在这个人世间，生旦净末丑，我们在扮演的角色和我们内心的角色基本上是不能统一的，因为我们每一个人都戴着面具。只是有的人白天带着晚上摘掉，而有的人带上了，随着人生磨炼慢慢把面具变成了另一张脸，于是你再也看不见他最初的模样。

当一个人确定了自己的人生就很难回头了，你身上背负的东西就会越来越多。我有一个叔，在青岛当厨子，心怀大志却只能掌勺8平方米的空间，后来收了一个倍儿有钱的徒弟，然后开了一家大大的酒店，叔徒同归。我还有一个叔，看完古惑仔学人家混江湖，后来收了一个小弟，然后扩大地盘收保护费，最后叔徒同归于尽了。命，就是如此。

就像我不相信我一个电子商务毕业的人最后怎么就在广告行业摸爬滚打了？人生就是如此，不停地变化自己的角色，生旦净末丑你玩了一个遍就不枉精彩一场。品牌营销研究的就是消费者每一个阶段所扮演的角色，根据他角色的性质向他推荐合适的产品，所以人这一生实际上是一个多面体，每一天秀哪一面完全取决于你要去做什么。

作为一个男人，首先是一个老公，然后是一个老爸，最后是一个儿子，当然可能还是公司的部门经理，总之他扮演的角色大部分是属于家庭性质的，因为男人的本质就是要成家立业，照顾家是男人的天职，在这个天职上他必须在 3 个最牛的角色之间来回地跑龙套：爸爸、老公、儿子。这 3 个角色实际上也决定了他的 3 种购买力，尤其是站在爸爸这个角色上的购买力最为明显而且不计后果，什么奶粉尿不湿之类的在男人的世界里简直弱爆了，什么好什么贵什么最健康就照着这种来，品牌一定要大牌、健康，这是关键。所以，通常在市场经济学角度，我们会提及这个世界上最好挣的钱有一部分就是父母甘心为孩子支付的。

站在第二层上的购买力就是作为老公，像是我每次下班路过路边摊的时候，如果碰到有卖糖葫芦的，我总是买一支，这就是一种习惯，小礼物总是更能让人惊喜，这证明你心里每时每刻都在想着她。站在这一层购买力上的男人做得最伟大的事莫过于点了淘宝购物车里的支付按钮，那一刻的性感是所有网购女性公认的。以至于后来我才知道，阻止老婆网购最狠最见效的方法就是拔掉路由器。因为在这个层次上，你会觉得你喜欢的人把最美的青春都给了你，你没有什么好计较的除了对她一往情深的好，所以这一层上的购买力必然也是感性占上风。

这最后一层购买力在当今的社会里越来越重要了。随着异地城市打拼的青年人群越来越多，留守的老人也就越来越多。于是站在这个关系层的青年人大多产生的购买力是以节日性为主，逢年过节是这一层购买力的爆发点。所以商家喜欢利用这个节骨眼做一些感性的话题去影响这一层的购买力，且几乎屡试不爽百发百中，因为几乎所有人都逃不过。你因为各种原因导致不能在父母身边，于是各种打着亲情旗号的产品就会如鱼得水，因为它从一开始就懂你的心理，就是要看准了绑架你的孝心。

当然这是一个男人作为家庭层次的一小部分角色展现，他站在职场的规划里又将是另一番的角色扮演。所以每一个人每一天都在cosplay，至于你喜不喜欢，有些时候你说了并不算，而取决于你生活的世界。所以品牌要的就是在消费者的世界找到他的角色，摘掉他的面具，直抵他的内心。

爸爸、老公、儿子，3 个角色决定了 3 种购买力，尤其是爸爸角色的购买力最为明显且不计后果，什么好什么贵什么最健康就照着来，品牌一定要大牌、健康，这是关键。品牌营销要的就是这样，在消费者的世界里找到他的角色，摘掉他的面具，直抵他的内心。

番外篇

其实我是一个演员

我住在中国的小沿海，白天是一个兢兢业业的广告人，晚上是一个有抱负的演员。曾经有一条叫做“嫚儿”的小女狗，路过很多城市，停留过的，单手就可以数清。写过很多的专栏、广告、文案，做过很多的图片，当然大多数都是在讨好各类的产品受众。如果你恰好看到各种营销类的文章分析，也许我们曾经就那样在文字里擦肩而过。

这是一个我，理性，用广告的创意挣每一份干净的钱，目标明朗，做一个名望很高的广告人。有多愁善感小清新的文字，有个性不张扬的小网站在很多的读书频道连载着以自我为标签原型的小故事。曾经以为这样的生活是毕生的追求，写一些零碎但是构成整个故事线条的故事。但是，这样的故事无法变成铅字，是一种一厢情愿的宣泄。这是另一个我，矛盾的我，以为会成为独立作家的我。

我关心国家大事，关心柴米油盐，更关心粮食和石油。对于每一件看不惯的事情，都想放出最惊人的论点。讨厌欺骗与不公平。我只在微博里，用140字，最多加一张图片，输出我的观点。也许大多数人觉得是愤青，但是青春就是这个样子，大大咧咧骂骂咧咧。这是一个怎样的我，愤世嫉俗的我，以为会成为意见领袖，到最后自己的观点自己看。

我想去旅行，看书、听音乐。过自己想要的生活，不受任何人的牵绊，只有自己的想法。不关心所有不喜欢的事情，不必为了明早的早餐是加蛋的面还是一杯豆浆加油条而发愁。包里不必太多现金，活过这一站，下一站再遇见取款机就行。这是最玩世不恭的我，有着最单纯的梦想，就是想活，好好地生活。

如果有一天我自己站在自己的面前，给自己讲4个版本或者更多版本的故事，我会相信谁？第一个我会用各种理性的感性的，最适宜植入的软广文案，直抵我的内心世界。第二个我会告诉我，生活就是一出折子戏，你唱或者不唱，旋律都会发生。第三个我会告诉我，钓鱼岛是中国的。第四个我会告诉我，旅行的意义不在于你去哪里，而是你会遇上什么人。第五个……第六个……我想我开始人格分裂了，但是我确实没病，我在驾驭我的各种角色，因为我是一个演员。导演没说cut之前，我不能离场，即使扮演的是一个死尸我也是最敬业的那一个。

有一天，有人问我，我的微博我的博客，到底在写什么说什么给谁看？我突然觉得这是一个很严肃的问题？我当时写博客重新建立微博的时候再想什么，将来有一天这些故事说给谁听？其实我心里很清楚，我要的不是所有人的关注，也不是讨所有人喜欢，我要的只是我自己。可以哭，可以骂，可以胡言乱语，也可以甜言蜜语，我要的只是我自己能读懂的故事。

做了太多的广告，太多的文案，我一直在追求让别人喜欢，而这一刻，属于我自己的地方，我只想讨自己喜欢，让自己写完的那一刻，高兴。我可以发愤青的牢骚，可以说旧时青春的事，越乱七八糟越好，因为这一次，我想让自己高兴。

也许多年后，有人开始读懂我的博客、我的微博，也会突然发现另一个我自己。

7% 通关率的爱情填字游戏【仅限于恋爱中的情侣】

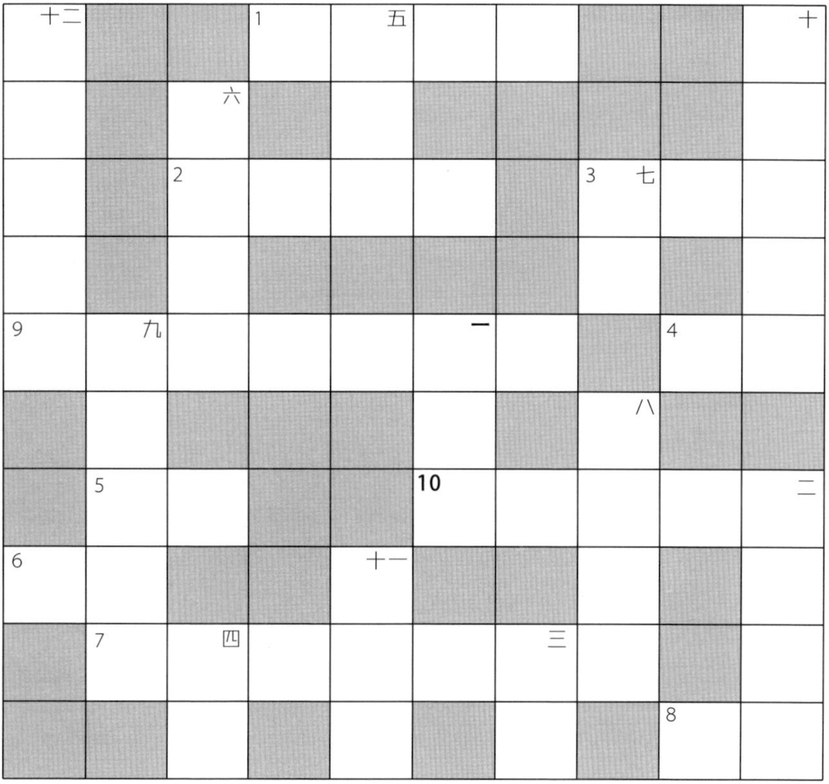

横：

1.《红楼梦》里十二个女子的统称。

2. 一部电影，与《富春山居图》《小时代》并称为"富二代"三部曲。

3.中国古老而寓意深长的花结，取"永结同心"之意。

4.以提供酒精类饮料为主的消费场所，是年轻人的夜生活所爱。

5. 韩寒推出的App。

6. 一款有趣的桌面益智游戏，有多重身份，比如女巫、预言家、平民等。

7. 郭峰的一首歌，收录在其1994年6月专辑《清醒》中。

8. 夏天的一种动物，会连续不断地发出一种尖锐的声音。

9. 疑问句，通常得到"YES"的答复后，说这句话的人会欣喜若狂。

10.一首歌曲，萧煌奇原唱，林宥嘉翻过。

竖：

一. 三个字，首尾字笔画都是7，中间字笔画是10,用来表达一种情感。

二. 一种糖果，可以缓解眼睛疲劳，同时伴有薄荷的味道。

三.《中华人民共和国国歌》第一句。

四. 一种职业，主要负责公司相关的财务工作。

五.《西游记》中一个天神，他养的宠物是一只爱吃月亮的哈士奇。

六. 泛指词句不能确切地表达出意思和感情，同时也是林忆莲的一首歌。

七. 孙燕姿的一首歌，收录在2004年的专辑《stefanie》中。

八. 张震岳的一首情歌，翻唱的明星很多，KTV中点唱率很高。

九. 一句诗词，下一句是"白首不相离"。

十. 韩国MBC出品的一部电视剧，也是金志文演唱过的一首歌。

十一. 一句表白，习惯说"I love you"。

十二. 某品牌纯净水广告曾经的主题曲，王力宏演唱。